# 大学生德育教育的发展与创新研究

张 婕◎著

吉林出版集团股份有限公司

**图书在版编目（CIP）数据**

大学生德育教育的发展与创新研究 / 张婕著 . — 长春：吉林出版集团股份有限公司，2021.9

ISBN 978-7-5731-0433-5

Ⅰ．①大… Ⅱ．①张… Ⅲ．①大学生－德育－研究－中国 Ⅳ．① G641

中国版本图书馆 CIP 数据核字（2021）第 192236 号

## 大学生德育教育的发展与创新研究

| | |
|---|---|
| 著　　者 | 张　婕 |
| 责任编辑 | 王　平 |
| 封面设计 | 林　吉 |
| 开　　本 | 787mm×1092mm　　1/16 |
| 字　　数 | 210 千 |
| 印　　张 | 9.5 |
| 版　　次 | 2021 年 9 月第 1 版 |
| 印　　次 | 2021 年 9 月第 1 次印刷 |
| 出版发行 | 吉林出版集团股份有限公司 |
| 印　　刷 | 北京宝莲鸿图科技有限公司 |

ISBN　978-7-5731-0433-5　　　　　　　　　　定价：78.00 元

# 前　言

　　进入新时代，我国社会发生着极其深刻的变化，表现出了许多新的特点，也为我国高校德育教育工作提出了新的要求。要进一步提升高校学生的德育教育素质，就必须总结传统德育教育的经验和教训，并在此基础上结合新的德育要求和实际，有针对性地探索高校德育教育的有效途径。

　　高校德育内容主要包括以大学生为教育对象的思想素质教育、政治素质教育和道德素质教育。而高校的政治理论课主要涵盖马列主义理论教育，党的路线、方针、政策教育，法制教育，时事教育，爱国主义教育，社会主义、集体主义教育等，这些内容占据了高校德育教育的大部分时间，成为高校德育教育的主体内容。相应地，社会公德、职业道德、人格教育、心理健康教育、情感教育、人际互动教育等内容更多地体现在《大学生守则》中，主要依靠行政处罚的手段来强制执行。也就是说，我们在教学中往往以政治思想教育为主却忽略了道德教育，忽略了大学生的德育需求和对德育的期望，这种德育教育模式容易使大学生形成双重道德人格。在他律的作用下可以遵守纪律，而无他律的情况下，却有可能肆意妄为。目前，高校德育教育目标过高，教学内容空泛，没有真正从广大学生的实际出发，缺乏针对性。

　　学生大量的思想行为问题是在平时学习生活中表现出来的。因此，通过党团组织和班级活动来开展日常思想政治工作是高校德育的一条重要途径，大学班级是学生学习、生活以及各种活动的基本组织形式，是学生的学习活动和思想交流的主要场所。班级工作可以培养学生的集体主义精神，引导学生正确处理人际关系，开展教育与自我教育等。团委领导下的学生会是学生自我管理的群众组织，并独立开展课外社团活动。

　　总之，随着新时代的到来，社会对高等人才的需求量越来越大，增强大学生思想道德教育也已经成为整个社会关注的焦点问题。因此，高校德育教育必须顺应时代发展，充分发挥学生学习的主动性，在实践中不断总结经验，让学生自觉地成长为有理想、有本领、有担当的社会主义接班人。

# 前　言

# 目　录

# 第一章 大学生德育教育的理论研究

## 第一节 大学生德育教育的现状

随着时代的发展，社会对高等人才的需求量越来越大，增强大学生思想道德教育正逐渐成为整个社会关注的焦点问题。本节分析了当代大学生德育教育存在的问题及原因，并在此基础上探讨了新时代实施德育教育的有效途径，具有一定的现实意义。

进入新时代，我国社会发生着极其深刻的变化，表现出了许多新的特点，这也为我国大学生德育教育工作提出了新的要求。要进一步提升高校学生的德育教育素质，就必须总结传统德育教育的经验和教训，并在此基础上结合新的德育要求和实际，有针对性地探索大学生德育教育的有效途径。

### 一、当代大学生德育教育的现状分析

#### （一）当代大学生的道德缺失问题

当代大学生多为"95后"，甚至是"00后"。虽然主体上是积极的、健康的，但也存在不少问题。这些孩子中大多是独生子女，从小在家庭生活中形成了以自我为中心的思维与行为方式，缺乏社会责任感、道德观念冷漠、道德认知方面存在偏差。虽然从小接触网络、知识面广，却没有系统地学习德育教育的相关知识，不能客观地认识自己、认清自己在社会、集体生活中的位置，事事以自我为中心，只当红花、不做绿叶。缺乏集体意识，只竞争不合作，自私自利、功利化倾向严重。部分同学甚至认为德育教育枯燥无味，只适合存在于书本。在日常生活中，部分同学内心设置双重标准，对自己和个人物品爱护有加，注重个人形象、衣着光鲜，却为达到个人目的不择手段，漠视、牺牲集体利益。在公共场合不讲卫生、随意丢弃垃圾、随地吐痰、尊师重道意识淡薄、迟到早退时有发生、考试作弊现象层出不穷、浪费粮食司空见惯。缺乏明辨是非的能力，对什么是"好"、什么是"坏"没有明确的界定。自身道德体系没有完全建立，对道德行为规范不能透彻掌握。

#### （二）当代大学生德育教育存在的问题

1. 教育内容片面化、缺乏针对性

大学生德育内容主要包括以大学生为教育对象的思想素质教育、政治素质教育和道德

素质教育。而高校的政治理论课主要涵盖马列主义理论教育，党的路线、方针、政策教育、法制教育，时事教育，爱国主义教育，社会主义、集体主义教育等，这些内容占据了大学生德育教育的大部分时间，成为大学生德育教育的主体内容。相应地，社会公德、职业道德、人格教育、心理健康教育、情感教育、人际互动教育等内容更多地体现在《大学生守则》中，主要依靠行政处罚的手段来强制执行。也就是说，我们在教学中往往以政治思想教育为主却忽略了道德教育，忽略了大学生的德育需求和对德育的期望，这种德育教育模式容易使大学生形成双重道德人格。在他律的作用下可以遵守纪律，而无他律的情况下，却有可能肆意妄为。目前，大学生德育教育目标过高，教学内容空泛，没有真正从广大学生的实际出发，缺乏针对性。

2. 教育形式单一化、缺乏多样性

对大学生的德育教育，我们更多的是希望通过有限的思想政治理论课加以解决。然而，有关调查发现：有37.5%的被调查者认为"政治理论课不能帮助他们解决现实中的问题"；有31.3%的被调查者认为"政治理论课的相关内容只适合应付考试"；还有29.6的被调查者认为"政治理论课教学方法过于单一"。因此，把德育教育当作纯粹的知识理论课的做法是值得商榷的。这种做法，一方面忽视了德育教育内容的多样性，另一方面也忽视了大学生的主观能动性。在课堂中，教师照本宣科、学生被动接受，教师与学生几乎没有互动，使大学生错误地认为学习德育知识仅仅是为了应付考试。当前，部分高校的德育工作过分依靠有限的思想政治理论课对学生进行德育教育，既没有把社会环境、校园文化、教师的人格形象等因素有机结合，也不重视各专业课教学中对学生的德育渗透，并且忽视社会实践活动的德育功能，从而使学生接受德育教育的渠道单一。

3. 教学方法呆板、缺乏灵活性

大学生具有较强的主观能动性，对教育内容有一定的自主选择性。而在传统思政理论课的教学过程中，灌输式的教育方法占据主导地位，教师按照教学大纲按部就班，学生只能被动接受，很难发挥学生的主动性，重视教育者的主导作用却忽视了学生的主体地位，教师和学生表现出明显的对立关系。教师通过考试、考核、评奖学金等方法迫使学生学习，并把讲课内容当作考点来给学生灌输，学生为了应付考试而进行单纯性的记忆。这种教育模式违背了教学相长的客观规律，忽视了学生的情感因素，使学生产生叛逆行为和厌学情绪，阻碍了学生思想道德观念的实践转化，从而导致学生学习道德规范只是迫于外界的压力而不是出于自身的需要，这样就无法将其学到的道德准则转化为自己内在的道德需要。这样的德育教育无法和现实接轨。

4. 德育教育中的人文关怀缺失

当今社会高速发展，科学技术日新月异。当代大学生的价值观也日益多元化、复杂化，而思想政治教育中却过分重视理论课知识的教育，轻视大学生的人文精神，忽视大学生的情感教育。这种政治化的教育内容严重脱离了大学生的身心发展需要。大学生的年龄特点决定了他们思维能力迅速发展，但容易带主观片面性。如果忽视了大学生的心理需求和个性特征，忽略了他们的兴趣、情感等非理性因素，没有从学生实际需求出发，忽视学生成长发展规律，缺少对学生的关爱和理解，忽略与学生的谈心、沟通与交流，就会导致德育教育无法顺利进行。

## 二、当代大学生德育教育存在问题的原因分析

### （一）社会环境中不良多元文化的消极影响

通过高考竞争而入学的当代大学生由于当前教育制度中追求升学率等弊病，造成他们不同程度上脱离社会、忽视自身的全面发展，且其中大部分是独生子女、独立能力差、心理承受能力不强、性格偏执、是非辨别能力弱且思想和行为特别容易受到外界因素的影响。现代社会是开放性的，多元文化出现并流行，这些进一步给正在成长的大学生造成了道德意识和行为上的迷茫与混乱。具体表现在：首先，某些新闻媒体为了追求轰动效应、吸引观众眼球、骗取观众点击量而热衷于关注明星趣事、带有暴力犯罪的新闻，"土豪""富二代""拆二代"等奢侈生活被过度报道，这些垃圾新闻使得一些意志薄弱的大学生在价值取向上产生迷茫感，容易产生享乐主义、拜金主义等不良思想。其次，在改革开放中，西方的一些腐朽文化也乘虚而入并渗透、侵蚀着大学生的思想。当前某些西方国家利用其在国际上政治、经济处于优势的地位，广泛地宣扬其个人极端主义思想、无政府主义等糟粕，这对分辨能力不强的大学生思想也产生了一定的冲击。最后，我们已经进入了互联网时代。网络的飞速发展在给我们带来便利的同时，也附载了海量的信息。这些信息良莠不齐，有的简直是黑白不分、是非不明。但恰恰是这些信息占据了大学生的思想空间，进而腐蚀了他们的心灵，使其更加容易迷茫甚至堕落。这些都会给大学生的身心健康带来各种负面影响，对学生的道德养成产生很大的冲击，并给大学生的德育工作带来挑战。

### （二）部分高校对德育工作的地位认识不明确

我国高校现有的德育教育主要是思想政治课教育，高校严格按照教育部下发的文件执行，偏重对大学生进行马列主义理论教育、国情教育和共产主义教育，一定程度上轻视了思想教育和德育教育。教育者没有理清政治教育、思想教育和道德教育三者之间的关系。德育教育对受教育者能起到思想灌输、个性塑造、品行矫正、自我教育等作用。因此，就不能把德育教育的任务局限于政治教育的狭小范围，而应全方位地发挥其对受教育者成长的作用。如果我们把德育教育仅仅限制于政治教育，这必然会忽视对学生个性、创造性思维、自我教育思维的培养，同时也制约了德育教育的教学内容、教学方法。在学校的实际工作中，要么重智育轻德育，人为地把德育工作从教育中分离出来，从而产生知识与道德、智慧与理性相脱离的现象。要么片面夸大德育的功能，认为德育工作是万能的，并企图用德育工作来解决学生所发生的任何问题。这些都制约着大学生德育工作的实效性。

## （三）部分德育教育工作者的观念落后

由于高校对德育工作偏重于理论的灌输，这导致了部分教师只讲理论而不愿进行有效拓展。随着社会的不断改革与发展，大学生的思想观念也发生着一系列的变化，这要求我们在德育教育方面也应该与时俱进，及时接受新观点、新思想，对大学生进行针对性较强的德育教育。但我们在教学中却忽视了德育教育的多样性和丰富性，完全把德育教育当作纯粹的知识理论课，并采用传统的灌输式的教学方法，通过考试、测验等强制手段强化教育。这样只能让大学生被动地学习而忽视了他们的实际需要和兴趣、忽视了学生的个体差异、忽视了学生自我教育和自我价值的实现。在这种重理论轻实践的教育观念下，学生主动学习的动机很低，无法将认知和实践相结合，造成学生高分低能的双重人格。因此，德育教育观念的落后成为德育内容片面化、单一化，教学方式呆板化的主要原因，从而最终影响德育教育的质量。

# 三、当代大学生德育教育的有效途径分析

## （一）明晰大学生德育教育含义，转变德育教育理念

高校应深刻理解德育教育的含义，掌握政治教育、思想教育、道德教育三者的本质与联系，改变片面的德育教育模式，在加强政治理论课学习的同时，注重对大学生的思想教育和德育教育。在德育教育内容上重视学生的道德认知、道德情感、道德信念和道德行为的综合培养，实施人性化德育管理，从当代大学生的心理发展水平、价值观出发，分层次地制定教育目标以及与之相适应的德育教育内容和手段以保证德育教育的实效性。把促进学生的全面发展作为工作的出发点，尊重学生道德教育的主体地位，以学生为本、尊重学生个性，发挥学生的积极性、主动性，改变传统的灌输式教育模式，充分与大学生的思想实际相结合，善于在平等中沟通思想，解决大学生的实际问题。深入了解把握当代大学生的思想动态，开展形式多样、个性化的课堂教育，增强教育的针对性和时效性，更多地运用启发式、渗透式的方法，使学生主动接受德育教育。

## （二）积极开展社会实践活动

对大学生进行德育教育必须理论与实践相结合。社会实践活动可以使学生产生书本中、课堂上体验不到的情感，这样的情感体验能促使学生自我完善和自我教育。引导和组织大学生参与社会实践，通过实地考察了解社会主义事业的发展情况以及改革的艰巨性和复杂性，从而更深刻地理解党的路线、方针和政策。同时，通过接触人民群众，在社会实践中更好地认识自我、改变自我。社会实践不仅有助于大学生更加准确地理解课本上的理论知识，而且有助于大学生了解国情，深化对祖国、对人民的使命感和责任感，树立对党、对社会主义的信念。社会实践活动的内容很多，应鼓励学生利用假期参加学校团委组织的大学生"国情考察团""党的光辉历史考察团"等社会实践活动，应当培养大学生利用自

己所学的专业知识服务社会的意识。在社会服务中培养正确处理个人与他人、个人与社会的关系以及为人民服务的观念；同时，体会专业知识在社会实践中的重要作用，做到理论与实践相结合，从而对学习和成才有正确的认识。只有将德育教育贯穿于实践活动中，才能使学生明辨是非，真正思考并认可我国高校的德育教育。

### （三）重视专业课中的德育教育

现代大学德育工作有专门机构，从大学的学生工作处到高校辅导员，看起来使德育教育工作落到了实处，但也使部分教师和学生认为德育教育只是德育教育工作者的事，其他专业教师可以对学生的德育工作视而不见。这种错误的观念割裂了"教书育人"的本意。实际上学校德育应包含于学校所有的活动中，结合专业课教学，对学生进行德育教育是教师义不容辞的责任。结合专业课教学对学生进行学习目的、专业思想、治学态度、职业道德等方面的教育可以收到潜移默化的效果。例如，通过历史学科的教学进行历史唯物主义和爱国主义的教育，通过自然学科的教学对学生进行辩证唯物主义的教育等等。越是学识渊博的教师对学生的影响就越大，而且学生会模仿教师的做法，自觉地克服自身的问题，调节自身精神状态并控制、规范个人的行为，从而学会自我教育。

### （四）利用文明高雅的校园文化进行德育教育

文明、高雅的校园文化对学生德育教育有"润物细无声"的作用。其一，校园里美丽的环境中，名人塑像、名言警句，甚至是一花一草、一树一木对大学生都是一种潜在的教育，它能绕开意识的障碍使大学生在不知不觉中接受其影响。这种影响会日积月累，改变一个人的生活方式、思维方式。其二，校园活动没有强制性，只要学生感兴趣就会自愿参加。如果引导这些活动健康发展，就会帮助学生放松紧张的学习生活，发挥他们的特长，使得趣味性、知识性和思想性统一，从而收到良好的德育效果。其三，有计划地建设校园网络文化，积极主动地建设红色网站，抢占思想舆论阵地的制高点，用正确、健康的思想文化占领网络阵地，有的放矢地对大学生思想道德进行教育。其四，积极开展心理咨询，大学生多是中学时代的佼佼者、自尊心强，但承受挫折的能力较差，对大学生活的心理适应和准备不足，甚至会出现某种心理障碍和心理疾患。因此，有必要采取科学的态度开展心理咨询帮助有心理障碍的学生，战胜成长中的问题。最终，促使大学生养成良好的道德品质。

### （五）通过党团组织和班集体活动进行德育教育

学生大量的思想行为问题是在平时学习生活中表现出来的。因此，通过党团组织和班级活动来开展日常思想政治工作是大学生德育的一条重要途径，大学班级是学生学习、生活以及各种活动的基本组织形式，是学生的学习活动和思想交流的主要场所。班级工作可以培养学生的集体主义精神，引导学生正确处理人际关系，开展教育与自我教育等。团委领导下的学生会是学生自我管理的群众组织，并独立开展课外社团活动。如开展纪念"五四运动"、纪念"一二·九运动"、义务劳动、校园文化节等，这些活动对提高学生思想文化修养，增强学生身心健康等方面都有重要的德育作用。学生党支部的建立，使德育工作有了一个开展工作的坚强阵地，对同学出现的问题、遇到的困难，了解得比较清楚，可以及时处理，把问题解决在萌芽状态，起到专职教师起不到的作用，有利于学生的自我教育和管理。

总之，随着新时代的到来，社会对高等人才的需求量越来越大，增强大学生思想道德教育也已经成为整个社会关注的焦点问题。因此，大学生德育教育必须顺应时代发展，充分发挥学生学习的主动性，在实践中不断总结经验，让学生自觉地成长为有理想、有本领、有担当的社会主义接班人。

## 第二节　大学生德育教育内构机理

育人的根本在于立德。德育工作作为学校工作的重要组成部分，对培养社会主义建设者和接班人具有重要意义，必须要贯穿学生学习始终和学校工作的各方面各环节。研究当代大学生德育教育，提高大学生的思想、政治和道德品德水平，始终具有重要的时代价值。当代大学生德育教育过程就是培养大学生"明确认知、培养感情、磨炼意志、坚定信仰、塑造行为"的过程，在其运行中体现出适度扩展性、内在外显性、交互动态性和评估提升性等特征。

国无德不兴，人无德不立。习近平总书记高度重视学校德育工作，强调："要把德育放在更加重要的位置。"2019年2月，中共中央、国务院印发的《中国教育现代化2035》和中共中央办公厅、国务院办公厅印发的《加快推进教育现代化实施方案（2018—2022年）》以教育现代化基本理念和教育现代化重点任务形式提出要"更加注重以德为先""实施新时代立德树人工程"，它们都明确地传递着"育人当以德为本"的理念，这是教育工作的根本任务，也是教育现代化的方向目标。目前"00后"大学生逐渐成为当代大学生的主体，他们有着时代的新特点，这给德育工作带来了机遇，也带来了挑战。马川提出，他们作为新时代青年富有朝气，思维更加灵活前卫、追求创新，性格更加自信乐观，但功利主义、实用主义倾向明显，自我意识更强，维权意识更强，人际冲突和矛盾更难调解。王海建认为，"00后"大学生具有个性化的价值追求、网络化的娱乐生活、理性化的处世哲学、务实化的人生理想等群体特点。青年一代有理想、有本领、有担当，国家就有前途，民族就有希望。"00后"大学生是国家未来的建设者和接班人，他们的德育状况会影响国家未来的发展。大学是立德树人、培养人才的地方，其立身之本在于立德树人。因此，坚持育人为本、德育为先，重视大学生德育教育，促进他们思想成熟、政治坚定和品德高尚，始终具有重要的时代价值。

《中国普通高等学校德育大纲》（以下简称《大纲》）提出"德育即思想、政治和品德教育"。根据《大纲》精神解释，当代大学生德育教育主要包括大学生思想品德教育（思想政治、道德规范、法律意识等）、大学生日常行为习惯教育（仪表端庄、举止有礼、遵守社会公德、尊重他人等日常的行为习惯）、大学生爱国主义教育（历史教育、民族传统文化教育、国情教育）、大学生审美教育（审美观、美育道德、审美情趣的培养和审美能力的提高）、大学生心理健康教育（人生观与价值观教育、人格培养、情绪情感训练、意志力的培养、潜能开发）等。德育教育作为高校教育的重要组成部分，具体是指德育工作者按照我党和社会要求，以大学生身心发展的特点为基点，在坚持方向性原则、理论联系实际原则、整体性原则、层次性原则、教育与管理相结合原则、严格要求与热情关怀相结合原则的指导下，对大学生进行中国特色社会主义理论教育、爱国主义教育、党的路线方针政策和形势教育、民主与法制教育、人生观教育、道德品质教育、学风教育、劳动教育、审美教育和心理健康教育的实践活动，从而使广大学生的思想、政治、法制和道德等素质不断提高。

## 一、当代大学生德育教育内构机理运行过程分析

《大纲》《中国教育现代化 2035》和《加快推进教育现代化实施方案（2018—2022 年）》为当代大学生德育教育指明了发展方向。大学生德育教育过程，即指大学生德育实践活动的开展过程，是德育工作者根据我党和国家要求，结合社会经济发展的需要，以当代大学生的身心发展特点为基点，依据客观条件，通过德育教育来培养他们的思想品德、爱国主义、日常行为习惯、审美和心理健康，并使之内化为自身能力和素质的过程，在日常生活中外显为积极的行为。这一实践活动是为了达到在目标导向上形成价值共同体，在主体互动中建构关系共同体，在集体协同中生成实践共同体以多元育人体系，提升道德认知水平。同时，大学生德育教育过程又是一个不断深化的过程。这个运行过程包括"感知—理解—巩固—深化—运用"几个相互联系、相互衔接的阶段。具体来讲，大学生德育教育过程就是培养大学生"认知、感情、意志、信仰、行为"的过程。

### （一）"明确认知"的运行过程

从哲学的角度讲，"知"就是感知（perception），是指客观事物或外来观念通过感觉器官在人脑中形成直接反映。表象（representation）是客观对象或外来观念在自我思维中复现的过程。在"明确认知"这一运行阶段，主要是使大学生接受德育工作者理论传授中叙述的事例、现象和各种具体的事实材料，形成表象认知。大学生德育教育过程中的"认知"，具体指向是认知科学知识，实质上是指针对大学生辨别是非的能力，以"大学生思想政治教育为重点的理想信念教育"。思想品德、爱国主义、日常行为习惯、审美和心理健康蕴含于马克思主义的基本观点、基本内容之中，是对科学世界观和方法论的具体体现，是大学生辨别是非、培养良好品质的重要准则和方法。在大学生德育教育过程中，德育工作者通过各种有效途径和方法，使广大学生较完整、系统地掌握关于思想品德、爱国主义、审美和心理健康这些科学的理论知识，不断增强自身的思想政治、道德规范、法律意识；养成文明礼貌、遵守社会公德、遵守公共秩序等日常行为习惯；树立国家观念，形成国家

荣辱观，培养爱国主义观念；塑造高尚的审美观念；提升自己的世界观、人生观与价值观，注重和增强受挫能力、意志力等方面的培养等。

## （二）"培养感情"的过程

从教育心理学层面上讲，"情"，是指感情。感情是人的喜、怒、哀、乐、恐惧等各种感觉、思想和行为的一种综合的心理与生理状态的统称。从德育教育的层面看，大学生德育过程的"情"，是指大学生这一主体根据一定的善恶、审美等标准去评判自己或别人的思想或行为时所产生的一种心理或情绪体验。当代大学生思想开放，情感丰富，锐意进取，富有创造力。大学生德育工作者在德育教育过程中要善于重视情感熏陶的力量，使广大学生理解真善美、情操崇尚、义举、灵魂健康量等基本观点、基本内容，并能够引起共鸣，内心深处达到情感的认同。

## （三）"磨炼意志"的过程

心理学层面上的"意"，是指意志。意志与精神、行为是紧密联系在一起的。意志作为一种精神力量，具有坚持不懈、坚韧等特点。对于大学生的学习进步、良好行为习惯的养成，良好的意志品德形成，具有重要的作用。大学生的意志需要有意识地培养和在克服困难中逐渐形成。在大学生德育教育过程中，大学生德育工作者要培养广大学生树立科学的世界观和崇高的理想，磨炼自己的意志，形成高尚的人生观与价值观；加强人格培养和情绪情感训练，培养广大学生具有丰富深厚的情感；促使大学生积极参加各种实践活动，开发各种潜能，锻炼自身的意志力，从而形成坚忍不拔、勇往直前的决心和斗志。

## （四）"坚定信仰"的过程

从思想政治教育学的视角看，"信"具有崇奉、信仰之意。信仰是大学生基于对思想品德、爱国主义、日常行为习惯、审美和心理健康等理论和观念有了较深的认识、情感的认可、意志的磨炼后而产生的信念和追求。信仰既是广大学生培养思想品德、爱国主义、日常行为习惯、审美和心理健康的基础，也是形成世界观、人生观和价值观的基础。大学生德育过程的"信"，是大学生基于对思想品德、爱国主义、日常行为习惯、审美和心理健康等理论和观念有了较深的认识、情感的认可、意志的坚定后而产生的信念和追求。在大学生德育教育过程中大学生德育工作者要循序渐进地培养大学生对马克思主义的信仰、对祖国的热爱之情、法纪意识、文明礼貌的行为、对民族传统文化和国家历史的崇尚之情、高尚的人生观价值观、坚定的自我情感意志等，做一个为社会增加和传递热量的人。

## （五）"塑造行为"的过程

所谓"行"，是指品行、行为。随着大学生思想认识、情感、意志、信仰的不断稳定与成熟，他们的认知能力和理论水平不断提高，对实际问题具有分析、解决的能力，并归纳成适合自己的思维逻辑，能够做到学理论、懂理论、用理论三者的有机结合，自己的素质及能力逐渐提高，形成科学的道德观、人生观和价值观，并逐渐变成一种行为自觉。

总之，大学生德育教育过程是实现"知、情、意、信、行"的过程，以向广大学生传授思想品德、爱国主义、日常行为规范、审美和心理健康等马克思主义的基本观点、基本内容的过程。大学生德育教育内构机理之间相互联系、相互促进、彼此结合，构成一个完整、系统的整体。"知"为起点，"情"与"意"达到融合，逐步树立起马克思主义信仰，并以此指导自己的行动。因此，在大学生德育教育中要对大学生动之以情、晓之以理、炼之以志、笃之以信、导之以行，把"明确认知、培养感情、磨炼意志、坚定信仰、塑造行为"统一于大学生德育教育的整个过程之中。

## 二、大学生德育教育内构机理运行的特性分析

大学生德育教育是"一项启之以需、晓之以理、动之以情、导之以行的系统工程"，其内构机理在实际运用过程中蕴含着一系列相辅相成、周而复始、螺旋上升的运行轨迹。这个运行过程也呈现出一定的有序性，也使得大学生"认知、感情、意志、信仰、行为"各环节相互影响和相互制约，共同形成一个有内在联系的运行过程。具体来讲，大学生德育教育内构机理运行中凸显出适度扩展性、内在外显性、交互动态性和评估提升性等特征。

### （一）适度扩展性

当代大学生德育教育是一项理论与实际相结合的实践活动，把德育理论运用到德育工作中的范式选择，既能体现出德育工作者与大学生主客体互动运行的教育理念，又能充分考虑德育实践活动的实际运作，使教育对象、教育内容、教育方法，达到量和度的统一。适度扩展性是指在大学生德育教育中，德育工作者所制订的目标和要求要适当超越大学生实际的思想、政治和品德的实际水平，并在实现此目标和要求中可能提升大学生的素质水准，同时这一目标和要求又具有一定的高度，是大学生不可能完全达到的。大学生在这个目标和要求空间里有适度发展的可能性。这个目标和要求的高度与大学生德育培养虽然存在一定的差距但二者却不是矛盾的，反而具有很大的促进作用，有利于推动大学生的思想、政治、品德及自身行为等素质向着高目标严要求的方向发展和进步。因此，在大学生德育教育实践活动中德育工作者根据这一适度扩张的特性，向学生提出适当的关于思想、政治、品德及行为发展方向的目标和要求，针对学生的实际情况、接受能力，结合教育内容，采用灵活的教育方法，使德育教育的成效与目标要求的限度缩小，逐渐接近所指定的目标和要求。从德育教育的成效看，伸展度越小，就说明取得的有效性就越大。反而言之，如果伸展度越大，说明取得的效果就越小，这就需要德育工作者认真总结自己所制订的目标和要求、采取的方式方法、传授的内容与学生自身是否相相符。所以，德育工作者在德育教育中必须遵循教育规律，使教育目标、教育内容、教育方法等与学生的实际接受力相一致，才能增强德育教育的实效性。

### （二）内在外显性

从教育学、心理学、思想政治教育等学科的视角来看，内在是指个体自身的思想、政

治和道德品德状况，它是个体综合素质水平的基础，具有形式的隐含性、时间的积淀性、形成的长期性等特征。外显性是指个体自身在行为中体现出来的行为特征和对行为规范的遵守情况，它是个体内在综合素质的外在表现。从教育规律看，内在和外显二者间是辩证统一、相辅相成的。此辩证统一的关系主要体现于以下两个方面：其一，内在和外显相互联系。这二者是个体自身具有的内在和外在的两种表现形式。内在是外显的基础，也是外显水平的保证，内在底蕴的程度决定着外显行为的状况。外显是一个人内在的综合表现，外显离不开内在素质。从德育教育的层面看，一个人的思想、政治和道德品德状况决定着他的行为方式和行为规范；一个人的行为方式和行为规范反映着他的思想、政治和道德品德底蕴。其二，内在和外显是相互促进的。随着个体社会阅历的增长、知识的增值、理论认知水平的提高，其自身的思想、政治和道德品德素质也在不断提升，使得自身的内在底蕴日趋完善和成熟，反映在日常行为习惯和遵守行为规范上，就更加与国家和社会的要求相符合、相一致。行为也是个体内在素质的体现。一个人的日常行为如果受到社会的肯定或赞扬，就会激发他更加注重提升自己的思想、政治和道德品德素质，厚积自己的内在底蕴。在大学生德育教育过程中德育工作者要重视内在与外显的相互关系及其影响因素，有目的、有计划地对大学生进行思想、政治和道德品德教育，引导他们弘扬真善美，做有益于国家和社会的事情，做一个对国家和社会有用的人，其目的就是实现大学生内在和外显的统一，达到二者的有机结合。

### （三）交互动态性

大学生德育教育的交互动态性是指德育工作者和大学生在思想、政治和道德品德等方面处于相互交流、相互作用的发展动态。从教育学的视角看，大学生德育教育是一个不断发展和生成的过程，德育工作者也在教育学生的过程中不断发现自己的不足，积极提升自己的知识水平和业务能力，这两个层面既是交互进行的关系，也呈现出动态的发展趋势。德育工作者与大学生双方在德育教育实践中相互沟通、相互启发，彼此相互交流情感、体验所得，共同获得新的发展。因此，大学生德育教育实践活动需要德育工作者与大学生之间教育与自我教育相结合，引导参与与主动参与相结合，形成双向交互关系，在双向交互中共同发展。总之，大学生德育教育是一个双向的、动态发展的过程，而不是单向的、静止的过程。比如，在高校思想政治理论课教学过程中，任课教师为达到教学目的，营造良好的课堂氛围，创设学生积极参与的教学环境，采用问题导向式、"迪知"模式，让师生双方产生互动，在交互中让学生更积极地去参与学习，更深刻地理解和掌握所传授的理论知识，同时任课教师也能得到一些感悟和新的认识，增进了自己的发展。这种通过学生自己的主观能动性进行自我选择和参与，从而使德育工作者和广大学生双方都以对方作为自己认识和活动的对象，彼此相互塑造和相互促进彼此的发展。

### （四）评估提升性

从大学生认知的特点来看，大学生德育教育是一个"实践—认识—再实践—再认识"

的不断循环、螺旋上升的过程。在运行中凸显了这个实践活动自始至终存在的不断评估、反馈、提升的特征。大学生德育教育效果的提升离不开评估，评估是德育工作效果持续提升的重要推动力。"大学生德育评估作为一个系统与整个德育系统及其他系统之间存在着某种必然的联系，即本质之间的关系。"大学生德育教育评估要增强其科学性，需要确立完善的包括教育对象、教育目标、教育原则、教育内容、教育方法、教育技巧与艺术、教育载体、管理体制等在内的评估系统，仅从教育对象的角度来看，不同的教育对象有着不同的专业基础、理论层次、思维水平等。评估的科学性还需要科学的评估程序等。通过科学的评估程序来检验所开展的德育教育活动，形成评估报告。在评估反馈信息的基础上，充分了解和考虑广大学生的"内需"，不断总结经验，完善有关环节，在以后的德育教育中进行再认识，使大学生德育教育更具实效性。

# 第三节　通识教育与大学生德育教育

　　通识教育是一种共通教育，也是当前社会发展衍生出来的教育体系。在国内经济社会的持续发展当中，我国大学生德育教育逐渐成为重中之重，在德育创新过程中需要从通识教育中发现两者之间的联系，努力将这种联系实际化，更多地通过现实德育引导展开，认真塑造学生的德育认知，为他们进入社会奠定基础。本节研究通识教育中的大学生德育教育，提出相应的创新思路。

　　当今时代，大学生德育教育开始成为普遍关注的话题，整个社会都对大学生德育教育很关注，之所以会出现这样的状况，主体原因是德育素质已经成为评价大学生综合能力的一个重要标准，能够为他们以后的就业奠定基础。事实上，大学生德育教育一直处于待完善状态，不同的教师和学者纷纷尝试以不同的方式展开德育教育，但是实际成效并不显著。出现这一状况不仅仅是由于德育教育的一致性，在一定程度上还与德育教育的时效性有关系，即德育教育与当前时代的发展特征及通识教育存在一定的偏差，难以适应当代大学生的成长需求。在这样的状况下，大学生德育教育要努力在通识教育的基础上进行深层次的探索，通过创新提高相应的德育教育效率。考虑到当前的大学生德育教育理论与实践之间存在的矛盾，有必要进行科学的创新整合，努力引导大学生以辩证的态度认识社会，不断优化大学生的德育思想，为他们树立全新的德育指导思想和教育理念。

## 一、通识教育与大学生德育教育之间的联系

　　对于通识教育与大学生德育教育之间联系的认知，需要从辩证的角度分析。在时代变化当中，要以大学生的全面发展作为基础主线，加大分析通识教育的力度，认识到通识教育对大学生德育教育及其他教育的影响。从本质上而言，通识教育应当是一种社会教育，它对于

高等教育的影响较为明显，尤其体现在社会性的联系上。高等教育是学生进入社会的最后一道门槛，也是最后一节阶梯，能够为学生以后的成长做出引导，也能够为学生进入社会搭建联系的桥梁。因此，在大学生德育教育的优化过程中，要朝着通识教育的角度考虑，努力构建现代化的德育教育体系，一方面具备良好的时效性特征，另一方面形成独特的德育引导思想。在探索通识教育中的大学生德育教育改革之路时，要努力引导大学生德育教育朝着时代化、未来化、世界化的方向发展，注重培育德育素质较高的综合型人才，以迎合时代的根本诉求，体现不一样的高等教育理念，进而成为大学生德育发展的共同认知。

## 二、通识教育中的大学生德育教育创新思路

### （一）明确通识教育对大学生德育教育的影响

通识教育的兴起，是一种社会需求，也是一种社会教育的凸显，它的出现满足了当代人的终身学习理念，也使人们形成了共通的学习认知，提高了整体教育成效。相比大学生德育教育，通识教育更加全面，而且它本身来源于社会，最终服务的也是社会。大学生德育思想教育在这样的状况下需要考虑大学生的社会归属性，努力引导学生提高德育思想，以迎合当前社会的发展变化，改变学生的社会认知。如今，大学生德育教育很多时候采用的仍旧是直接的理论教育。大学生德育教育，要朝着通识教育的方向对自身的德育教育内容进行创新，了解大学生在近些年的发展变化，审视大学生在德育成长方面存在的不足之处。需要为大学生德育教育树立全新的教育目标和教学实践内容，更多地从通识教育中彰显大学生德育教育的社会性质，让大学生感受到德育教育的最终归属。

### （二）构建通识教育基础上的大学生德育教育体系

在了解通识教育当中的德育教育思想以后，需要对大学生德育教育内容进行持续的拓展，努力加强两者之间的联系，让大学生发现大学生德育教育中隐藏的通识教育内容，明确指出通识教育与大学生道德教育的关系。现阶段的大学生德育教育，明显对通识教育缺乏一定的认可度，所采取的措施往往违背通识教育的开展需求。对于这样的状况，必然需要在新时期进行科学的改善，更多地探索两者之间的教育逻辑和教育互补功能，努力通过融合处理两者之间的教育优化关系。同时，现阶段的大学生德育教育仅仅包含一部分内容，这些内容限制了大学生思想道德教育的发展。新时期的教育创新需要打破这样的局限，明确通识教育基础上的大学生德育教育开展的必要性，为大学生树立正确的通识教育和德育教育价值观念，引导大学生在德育实践过程中形成正确的德育思想。

## 三、通识教育中的大学生德育教育创新办法

### （一）全面强化大学生德育教育的服务意识

在新时期的通识教育中，大学生德育教育的开展需要以学生作为主要出发点，最终的

归属需要确定为两种教育的联系点——社会。在新时期的大学生德育教育工作中，要以学生成长需求为中心，努力引导学生发挥主观能动性，不断提高德育教育的实效性。在现如今的大学生成长过程中，由于经济压力较大，因此在德育素质方面会涌现出一定的问题。同时，部分大学生面临恋爱、就业、学习等压力，容易出现一些心理问题。如果不能对这些压力加以正确的应对，不能处理各种学习问题的话，必然会导致学生德育素质的错误发展。在创新大学生德育教育工作的时候，教育工作者要更多地考虑学生实际，将学生的德育素质健康成长作为重要的培育内容，切实尊重学生的生活和学习实际，多方面地关心学生。

### （二）从法律的角度坚持德育工作的有序开展

从当前社会发展的角度分析，大学生德育工作的法制化属于必然的发展结果，也是社会主义社会经济发展的基础要求，将满足社会主义社会建设的客观需要。在学生德育工作法制化过程中，教育工作者要努力在教育工作开展过程中加强对法律手段的综合应用，一方面可以规范学生的行为，另一方面可以提高学生的德育素养。同时，教育工作者要更多地强化法律观念，了解相关的社会法律认知，努力从社会和学校的角度对学生展开通识法律教育，强化大学生的德育认知。学校可以在这一基础上配合德育法制工作的有效开展，制定相应的学籍管理机制和奖惩制度，对于违反制度的学生给予一定的惩处，起到引以为戒的作用，避免出现违法乱纪状况。

### （三）倡导通识教育理念下的德育自我教育

在通识教育的基础引导下，大学生德育教育的成长必然会是一个持续的过程，它不会停止在高等教育这一阶段，还会体现在大学生以后的生活中。现如今的通识教育认知已经有相当大的拓展，不仅包括基础的外在社会教育，还包括大学生的内在德育教育。这一教育指的是大学生应当注重对自身展开合理的教育管理，一方面约束自身的行为实践，另一方面使得学生具备较高的道德认知，不断强化学生的主体意识，带领学生形成健全的自我管理机制。具体的实践可以从德育实践活动中完成，通过一定的社会事例引导学生产生相应的认知，改善学生的德育认知，以学生会作为主要管理组织，形成一个类似于社会单位或者企业的管理结构。同时，对于德育素质成长较为明显的学生，可以将他们作为其他学生学习的标兵，带领大学生形成共同的德育认知，满足以后社会的成长需求。

### （四）全面提高德育教育工作者的教育素养

当前时代的改变给整个大学生德育教育工作提出了全新的发展要求，德育教育工作的开展难度迅速加大。为了满足通识教育基础上德育教育的主体需求，大学生德育教育工作者要对自身的教育素养进行持续的强化，明确奋斗目标，确定相应的发展空间，并以大学生的德育素质为基础进行优化。在大学生德育教育工作的拓展中，可以将大学生德育教育转变为一种复合教育，转变自身的教育引导角色，使得不同的学生具备完善的德育教育素质，满足通识教育的成长需求，带动整体大学生德育教育质量的提高。

总体而言，通识教育中的大学生德育教育创新，需要考虑大学生的成长变化，了解大学生在发展过程中存在的问题。对于大学生发展过程中的一些不足之处，要给予一定的引导，并帮助学生树立正确的德育成长理念，不断提高大学生的德育素养，为他们以后的成长奠定基础。

# 第四节  对当代大学生德育教育的反思

中国特色社会主义进入了新时代，对大学生德育教育提出了新的要求。在以"德育"作为高校教育方向的基础上，如何解决当前大学生德育教育中存在的问题，提高德育教育成效，科学探索青年大学生德育教育建设的路径，是新时代德育教育的关键。目前，大学生德育教育与职业教育兼容度不足，德育教育主体关注程度不足，德育教育内容和方式较为单一。社会风气、应试教育、家庭和学校是其主要原因。加强德育教育，应该发挥大学生的自主性，创新德育教育方式，加强师资建设。

德育教育是百年大计。习近平总书记早在 2018 年 5 月北京大学师生座谈会上就明确指出："人无德不立，育人的根本在于立德。""要把立德树人的成效作为检验高校一切工作的根本标准，真正做到以文化人、以德育人，不断提高学生思想水平、政治觉悟、道德品质、文化素养、做到明大德、守公德、严私德。"在新时代，必须在明确社会对人才的新要求的基础上，让每个青年学生牢记社会主义核心价值观，树立远大的理想。

## 一、大学德育教育的困境

### （一）德育教育与职业教育的兼容度不足

高校的德育教育目标，不仅表现为高层次的道德标准，还表现为大学生走向社会后实现自我发展的要求。正如爱因斯坦所言，"学校应该永远以此为目标，即学生离开学校的时候是一个和谐的人，而不是一个专家"。目前，高校更多地关注所制订的培养方案是否以"就业导向"为依据，所培养的学生是否满足社会的就业需求。高校普遍将实践性、实用性和技能性当成教育的重点，而忽视对大学生的人文素养和社会情怀的培养。这种情况会导致大学生在面对当下的学习和未来的择业时持功利主义和实用主义态度，而几乎不考虑个人的社会价值。

一方面，个别高校较为重视单项学科的培育和学生的个体技能性发展。这种"偏科"的现象导致学生不能全面发展，违背了德育教育中"人的自由而全面的发展"的初衷，不利于培养大学生的创新思维方式。另一方面，德育和职业性教育两者的教师队伍建设明显失衡，导致大学生德育教师队伍结构不合理，严重影响了德育工作的开展。

由此可见，职业教育和德育教育并未形成互相促进的体系建设架构，在育人途径方面与"三全"育人(全员育人、全程育人、全方位育人)还存在一定距离。

## （二）德育教育主体性不足

大学生既是德育教育的主体，也是德育教育的客体。在当前大学生德育教育中，确实存在部分学生无视社会道德规范、缺乏责任感的现象。有部分学生沉迷于网络游戏、网络社交等虚拟空间，并把虚拟的社交带入现实生活甚至陷入"校园贷"和"传销"的陷阱。种种现象在某种程度上暴露出高校作为德育教育实施主体在工作上的不足之处。作为一种外在的行为约束方式，德育教育更多地强调对大学生"灌输"，而忽略对大学生"输入"，这导致大学生在社会功利氛围的影响下容易产生对德育教育的逆反心理，在走上社会并成为建设社会的主体后，过于强调世俗色彩的功利主义。

当前，国内外各类思潮交织，西方的功利主义思想经过"乔装打扮"，极易渗透到大学生的思想中。高校相关部门在大学生德育教育的整体规划中更要凸显学生作为未来社会主体将形成的社会效应，在统筹规划的基础上，持续关注大学生作为德育教育主体的重要意义。

## （三）德育教育内容滞后，工作方式单一

德育工作作为大学生走向社会的前奏，推动着社会的发展。德育教育的具体内容应紧跟时代发展的步伐，因时而动、因势而变。然而，当前大学生德育教育的具体内容偏重于学理层面，尚未被纳入职业(或专业)性的实践教育。这使得大学生德育教育容易与大学生的日常生活脱节，从而稀释了德育的"解惑"功效。例如，大学生往往会在人际关系、就业、恋爱等方面遇到问题，如果无法及时用所学的德育知识予以解决，就会产生德育教育无用的观念，并传递给其他大学生，进而可能造成德育教育群体性失效的局面。

此外，大学生德育教育的方式单一。一方面，受应试教育的影响，德育教育往往采取灌输的方式。教师的主导式教学模式与教学改革背景下的学生主体性不相匹配。另一方面，德育教育形式主义现象依然存在。教师在组织学生去德育教育基地(如烈士陵园、博物馆、红色教育基地)进行实践学习时，容易忽略学生通过参观实践场所、聆听先进事迹产生的感悟。忽略学生主体性的单一的德育模式在一定程度上影响了教育效果。

# 二、大学生德育教育困境的根源

## （一）社会风气的影响

在市场经济快速发展的背景下，"功利主义""利润最大化"等市场法则在某种程度上助长了社会的功利主义风气，进而影响到大学生群体。同时，社会对热门行业的追捧，促使家长和大学生对择业持功利性态度。大学扩招导致大学生就业压力增大、紧迫感增强，进而扩大了功利主义对大学生德育教育的影响。

## （二）应试教育的影响

长期以来，大学生主要接受应试教育。升学和就业压力使得学校和家庭非常重视应试教育，而忽略德育教育，缺乏对广大学生价值观、人生观和世界观的引导。

尤其是随着社会经济的发展，人们思维方式的多元化和社会思潮的交互碰撞，极易给身处应试教育背景下的大学生造成思想上的错乱，给社会上歪风邪气的入侵提供可乘之机。

## （三）家庭、学校和社会德育教育的协调力度不够

家庭作为社会的细胞，对个人价值观和人生观的形成与发展具有重要影响。目前，学校、家庭和社会在德育教育方面还未建立有效的协调机制，三者处于错位的状态。这种现象严重制约了德育教育资源的整合与教育合力的形成。其一，社会氛围对家庭的影响必然延伸到大学生心中；其二，学生进入大学后，家庭"做甩手掌柜"的现象使得高校承担了德育教育的绝大部分工作；其三，社会上负面思想的侵入，容易使大学生发生不道德行为。在德育教育方面，家庭、学校和社会是三位一体的系统。教育的多向性特征注定了家庭、学校和社会在德育的培养方面缺一不可。

# 三、新时代大学生德育教育的路径

## （一）发挥大学生德育教育自主性

应试教育作为一种强制性和灌输性教育，往往忽略学生的自主性。新时代对大学生提出较高的要求，应该培养学生的德育"自育"能力，把他律转化为自律。一方面，高校应该营造良好的德育培育氛围，引导学生正确、理性、客观地看待和分析社会问题，帮助学生树立正确的"三观"。另一方面，高校应该创新德育培育方式，通过生动、形象、活泼的教学内容和形式，强化大学生对德育的认同感，让学生参与自我约束、自我管理的教学活动，让大学生体会自我价值实现的意义。高校往往侧重德育环境建设。从德育培养的自主性角度出发，学生应主动参与德育环境建设，树立德育理念，不断增强认识、解决问题的能力和对国家、社会的责任感。

## （二）创新多种德育培育方式

科学技术的快速发展推动着高校教育手段的创新。新时代，高校在坚持传统培养模式的基础上，还需不断拓展德育教育的内容和形式，赋予德育教育新的风格、内涵、格调。首先，提升传统德育教材的吸引力和感染力。不断改进德育教材的内容，增加大学生感兴趣的社会热点、时事等素材。其次，创新德育实践活动的形式。在本质上，德育实践活动的形式就是大学生德育教育自主性得到发挥的体现。无论是到敬老院、福利院做志愿者，还是关怀农村和社区的空巢老人，都能够让学生在具体工作中提高社会实践能力。正如学者曾裕华所言，"大学生的社会实践活动是加强大学生思想政治教育的重要途径，强化大

学生道德培养的重要渠道，促进大学生形成健康人格的重要方法"。最后，利用新媒体消除信息沟通的屏障，实现德育内容的共享。高校可以利用微博、微信、QQ 等网络交流方式，深入了解大学生的基本情况，鼓励大学生主动交流，进而通过全天候、常态化的线上和线下德育教育模式，有针对性地开展德育教育活动。

### （三）提高德育教师队伍的培养力度

高校应该加大力度培养专业能力较强的德育师资队伍，不仅要提升教师利用新媒体与学生沟通的能力，还要提高教师思想政治学习力度，从而更好地增强大学生德育教育的效能、效率和效力。教师应加强对专业知识的学习，关注时政热点，进而提高引导学生理论联系实际的能力。

此外，高校还应该提高对辅导员的培育力度。辅导员身处学生工作一线，是关乎德育教育成败的重要力量。一方面，高校应该提高辅导员队伍的建设水平，加强对辅导员的培训和管理；另一方面，辅导员应该搭建家校互动平台，加强与学生家庭的沟通，了解学生的思想动态，推动学生德育工作。

综上所述，德育教育是影响学生一生的永久课题。在新时代背景下，推进大学生德育工作是一项重大工程，必须在立德树人、以人为本的基础上，把握新时代的基本特征，不断创新德育教育的模式、方法，培养德智体美劳全面发展的社会主义建设者和接班人。

# 第五节　互联网时代与大学生德育教育

现阶段，伴随着我国科学技术水平的不断发展，我国逐步迈入了网络化、信息化的发展阶段，互联网大环境深刻影响着每个人生产、生活的方方面面。特别是针对大学生这一特殊的群体，互联网时代背景深刻影响着其心理状态以及情感趋向，这就为大学生德育教育工作的推进带来了前所未有的机遇与挑战。本节立足于互联网时代背景下大学生德育教育的特点以及现存问题，就如何提升这一工作开展的科学性、有效性，助推广大学生更好地成长与发展，提出了一些建议，希望理论的研究，可以对实际工作的开展有所助益。

纵观互联网技术的发展历程与应用状况，其对大学生这一群体有着十分广泛而深入的影响，我们甚至可以将大学生称之为最彻底受网络文化渗透的群体。在这一时代背景下，大学生德育教育工作者能否牢牢把握同学们的思想动向，勇于打破传统教育模式的桎梏，积极探索一条德育教育的新道路，在很大程度上影响着其工作开展育人价值的实现。基于此，探究互联网时代背景下大学生德育教育的现存问题及创新策略，有着较高的现实价值与实践意义。

# 一、互联网时代背景下的大学生德育教育特点探析

## （一）针对性

基于互联网的时代大背景，各所高校的德育教育工作者可以较为广泛、准确地了解到不同学生的信息，从而建立起覆盖全校学生的信息数据库，为其对学生个性发展需求的分析，提供了强有力的信息支撑，这也在一定程度上提升了德育教育工作的针对性与指导性。

## （二）多样性

互联网在大学生德育教育工作中的全面、深入应用，有效地打破了传统教育模式的桎梏，为该工作的开展注入了新的活力。具体来说，广大德育工作者可以借助网络这一载体，实现对原有教育途径和手段的丰富。无论是相关网站的建立，还是微博、微信公众号的开通，都充分彰显着互联网之于现代化德育教育工作开展的重要价值。如此一来，学生可以更加快捷、便利地获得德育知识，这也在很大程度上激发了其参与德育教育的积极性和主动性。

## （三）广泛性

纵观传统的德育教育工作模式，广大教育者多采用单纯的理论灌输式教育方法，并且理论所涉及的内容较为单一、枯燥，学生很难集中注意力于有关内容，久而久之还会出现倦怠甚至厌烦心理。但是基于互联网的时代大背景，学生可以较为自主地选择各种各样的网络信息，并且不受时间、地点等要素的限制，这就大大提升了其学习的自由性，为其个人素养的提升提供了更加广阔的平台。

# 二、互联网时代背景下大学生德育教育问题探析

## （一）学生理想信念缺失

基于互联网的时代大背景，广大学生获取知识的途径愈加多元化，远远超出了学校教育所涵盖的范围，甚至超过了广大德育教育工作者的想象。但是作为一名社会经验还不丰富的大学生，对知识"爆炸当量"普遍缺乏充分的心理准备，所以在面对纷杂的信息的过程中就极容易出现鉴别、判断错误的问题，因而在日常生活、学习过程中极易受到错误价值取向，或者是思想观念的影响。特别是在互联网环境之下西方国家所强调的"文化输出"，其中一些腐朽、落后文化极大地腐蚀了我国青年的身心，严重制约了其今后的成长与发展。无论是个人至上的实用主义，还是对金钱过度追求的拜金主义，抑或是缺乏理想与求知欲的极端现实主义，都彰显着多源信息环境下当代大学生的思想困境，这也为各所高校的德育教育工作带来了新的挑战。

## （二）网络道德问题频发

就有关网络上言论与行为自由的调查结果显示，认为自己可以随意发表言论，甚至于爆粗口的学生占比为 37.4%，而有 31.4% 的学生认为在网络上不讲真话是一件十分普遍的事情，还有 24.9% 的学生认为在网络上做任何事情都不需要受到限制。这一数据，让我们明显感受到了大学生德育教育工作开展所面临的巨大挑战，即许多学生的网络道德以及三观已经脱离了正确的轨道，如果不对其加以及时、有效的教育，那么将会为社会发展带来较大的隐患。除此之外，当代大学生深受网络环境的影响，其成长过程中凸显出情绪化倾向。如此一来，他们在网络上敢于批判各种各样的现实，但是因其稍显匮乏的社会经验，所以很难对某一事件或者是思想进行客观、正确、全面、理性的认识，稍有不慎可能会陷入错误的思潮、观念，甚至于生活方式之中，严重制约其成长与发展。除此之外，在自由的网络氛围之中，大学生往往十分强调自我，渴望获得独立与自由，进而难免对学校的管理制度或者家人的管护产生反感情绪，同时也会抵触社会道德的约束力，这就使其同社会不同主体间的冲突频频发生，严重制约了大学生德育教育工作开展育人价值的实现。

## （三）德育教育方法落后

现阶段，基于互联网的时代大背景，以及这一背景下学生思想层面的变动趋向，大学生德育教育工作必须打破原有开展模式的桎梏，积极探索一条德育教育的新道路，才能更好地服务于学生多样化、层次化的发展需求，实现其原有的育人价值。但现实情况在于，现阶段许多高校未能全面认识到德育教育之于人才培养的重要价值，因而未能给予该工作必要的重视和充足的资金支持，所以高校的德育教育工作凸显出短期性、临时性的特征，很难较为系统、全面、前瞻地指导学生的发展。在此基础上，许多高校内部专门从事德育教育工作的老师十分匮乏，许多德育教育岗位都由其他学科的教师兼任，实际的工作开展状况很难达到较为理想的状态。除此之外，为了顺应信息化、网络化的时代发展趋势，现阶段我国许多高校已经建立了专门的德育教育网站。但是其在实际应用的过程中，并未充分发挥互联网平台之于德育教育工作的重要价值，普遍存在着如教育模式单一、教育方法落后、教育过程程序化的特点，未能把握网络背景下大学生的心理动向与发展需求，德育教育网站平台的建设与管理价值大打折扣。

# 三、互联网时代背景下大学生德育教育策略探究

总而言之，互联网时代的来临对于广大青年的成长与发展来说，是前所未有的机遇与挑战。大学生可以充分利用并享受网络平台带来的各种便利，但同时也必须提高警惕意识，将互联网对其成长与发展的不利影响降到最低。这一目的的实现，也对各所高校的德育教育工作提出了新的要求。具体来说，大学生德育教育工作的开展，应当从以下几个层面寻求创新。

## （一）倡导学生文明上网

针对现阶段普遍存在的大学生信仰缺失、网络道德问题频发的现象，各所高校的德育教育工作者应当加大对学生的引导与教育力度，使其可以以文明的方式获得各种知识。首先应当强化学生上网文明化的意识，可以借助宣誓活动、校内调查、"文明上网"论坛等载体，广泛宣传有关文明上网的理论，使同学们明晰网络道德与个人素养之于其成长与发展的重要价值，从自身做起规束上网行为。其次，必须加大对学生上网行为的监督、管理与约束力度。针对现阶段普遍存在的学生不文明上网的问题，德育教育工作者应当重视对其的思想教育工作，使其可以认识到文明上网的重要性，如果在接受教育之后仍然不思进取、我行我素，学校则有必要对其予以一定的批评和处分。最后，各所院校应当建立起一套科学、长效、高质的网络行为规范机制，即以学校内部规章制度的形式明晰上网所应遵循的要求，并且将学生文明上网纳入对其综合素质的考评之中，同时将评价结果同后期的评奖、评助以及评优活动相结合，全面提升广大学生对于这一行为的自我约束力度。除此之外，应当加大对高校学生的法制教育力度，使其正确认识自己在网络环境中的权利与责任，从而不断提高自身的自律性、自控性，做到合法上网，实现自身思想道德水平与法制意识的全面提升。

## （二）推进德育队伍建设

任何一项工作的开展，都离不开一支高素质、专业化的人才队伍，大学生德育教育工作的开展也不例外。特别是基于互联网的时代大背景，对于德育工作人员的要求已经不仅局限于完备的理论基础与较高的管理能力，同时还必须具备与时俱进的创新能力，可以较好地适应互联网时代背景下德育工作开展的新要求。基于此，各所院校应当完善招聘、管理、培训德育工作者的机制，严把德育工作的"用人关"，明确不同岗位的用人门槛以及工作标准，即应当具备完备的理论知识、较高的管理能力、强烈的创新意识以及责任意识，避免出现任人唯亲或者是随意选派的不良现象，从源头处提升德育教育人员队伍的专业性。在此基础上，应当加大对德育教育工作者的培训力度，应当采用理论指导与实践探索相结合的模式，如举办专家交流会、学术研讨会、座谈会等活动，或者是选派一些德育工作者前往其他学校和单位学习，使其可以了解到该领域的先进思想与前沿理念，在学习中不断提升自身的专业素养、管理能力、创新水平以及责任意识，更好地服务于实际德育教育工作的开展。除此之外，还需要重视对德育工作者的职业规划与引导工作。就需要各院校加强对德育工作者的科学引导，使其可以树立同学校发展目标相一致的个人目标，从而实现学校发展与自我成长的有机统一，为其德育教育工作的开展提供强有力的支持与保障。

## （三）充分利用网络平台

现阶段，伴随着计算机网络对学生生活、学习影响的不断深入，网络平台成为他们获取信息的主要途径，这也为大学生德育教育工作的开展提供了新的思路。所以，有关主体应当牢牢把握时代发展变化的趋势，勇于打破传统德育教育工作开展模式的桎梏，积极引入并应用各种网络化技术和平台，实现德育教育工作开展同当代大学生个性化、多元化发展需求的有效对接。这一目的的实现，首先需要各所院校加大资金投入力度，积极引入并应用各种现代化的管理设备和计算机软件，并且重视对德育工作者的技术培训工作，使其可以有效地应用各种现代化平台来开展德育教育工作，为实际工作的开展提供强有力的物质保障。其次，有关主体应当充分利用网络交换机制，有效融合文字、图像、声音、动画等要素，对学生进行科学的引导与正确的教育，全面激发其参与德育教育的积极性与主观能动性。具体来说，可以建设专门服务于德育教育工作的红色网站，引导学生树立远大的理想与坚定的信念，提升自身抵制不良诱惑的能力。德育工作者还应当加大对网上信息的监督与管理力度，及时清理校内网站上各种反动、不健康的内容，为广大学生营造良好的成长与发展环境。除此之外，德育教育工作的开展必须凸显出以人为本的特点，所以必须重视不同学生的心理动向与发展需求，从实际生活层面解决学生思想中的难题。这一目的的实现，可以借助网络思想教育问卷调查、学生信箱等，确保德育工作者可以及时了解不同学生的思想动态，从而有针对性地开展德育工作，实现德育教育同学生实际发展需求的有效对接。

## （四）加强理想信念教育

针对互联网时代背景下普遍存在的大学生信念缺失与传统文化教育失衡的特点，各所高校在其德育教育工作开展过程中，应当有效融入优秀的传统文化因子与民族精神，为学生的成长与发展指明正确的道路。具体来说，要坚持以正面教育为主，全面提升大学生的思想道德素质，使其可以正确认识自身所肩负的社会责任与历史使命，将个人的发展同祖国的命运牢牢联系在一起，为其今后的成长与发展指明方向。在此基础上，要加大对大学生的传统文化教育力度，培养其对中华民族浓厚的民族情感，提升自身的民族自尊心、自信心以及自豪感，从而有效应对西方腐朽、落后文化对网络环境的侵蚀，为其今后的成长与发展奠定基础。除此之外，德育教育工作的开展，还必须坚持并落实"三个代表"重要思想，有关主体应当牢牢把握现阶段大学生的心理动向及发展需求，确保德育教育工作与时俱进，助力广大学生更好地成长与发展。

总而言之，互联网时代的来临对于广大青年的成长与发展来说，是前所未有的机遇与挑战。有关主体应当引导大学生充分利用并享受网络平台带来的各种便利，但同时也必须提高警惕意识，将互联网对其成长与发展的不利影响降到最低，为我国现代化建设培育更多的高素质人才。

# 第六节　大学生德育教育和心理健康教育

　　大学生德育教育和心理健康教育都是培养大学生综合素质不可或缺的途径。但如今高校教育者往往将这两者分开，没有意识到两者之间的联系，教育效果不理想。本节通过分析大学生德育教育和心理健康教育中存在的问题，提出相应的教育教学方案，帮助高校推进大学生的德育教育和心理健康教育工作，实现提升大学生综合素质的目的。

　　大学生德育教育与心理健康教育具有相通的出发点，即推动大学生成长成才，这为二者的紧密结合奠定了良好的基础。在大学生德育教育与心理健康教育开展过程中，教育工作者有必要对二者的结合路径做深入的探索，从而促使德育教育与心理健康教育形成合力。

## 一、大学生德育教育和心理健康教育中存在的问题

### （一）德育教育和心理健康教育各自独立

　　如今，高校教育者认为德育教育和心理健康教育有着本质上的不同，德育主要是为了培养学生正确的价值观，使其言行符合社会公众的道德规范，而心理健康教育是帮助学生解决遇到的心理问题，使学生成长为心理健康的人才。另外，德育教育多数是教育者主动教学，学生被动接受，而心理健康教育则是由学生描述心理上的难题，由教师帮忙解决。从这些方面来看，德育教育和心理健康教育的区别很大，难以相互联系。

### （二）心理健康教育机构设置模糊

　　为了加强学生的心理健康教育，高校设置了针对这项教育工作的机构，但由于目前高校对于大学生心理健康教育的认识还不够充足，因此在机构的设立方面也缺乏科学性。不同的高校，有可能将心理健康教育设置为某一专门的学科，有些则是将其列为社科部的工作，也有可能让团委负责心理健康教育工作，甚至有些学校把心理健康教育交给校医院。心理健康教育机构设置模糊，让心理健康教育不可避免地向着某个方向倾斜，难以真正地发挥其应有的功能。

### （三）缺乏专业的心理健康教育人员

　　目前高校中负责心理健康教育的人员主要有以下几种：一是由德育教师负责，但德育教师缺乏专业的心理知识，难以很好地开展心理健康教育。二是心理教育专业人员，他们而拥有丰富的专业知识和教学经验，但对学生不够了解，在教学过程中只注重心理辅导，而忽视了对学生的德育教育。三是心理医生，他们的专业工作是帮助有心理疾病的人解决问题，在教学工作方面并不合适。高校缺乏专业的心理健康教育人员，难以实现大学生德育教育和心理健康教育共同开展的目标。

### （四）德育教育和心理健康教育混淆

高校教育工作者，并没有认清德育教育和心理健康教育之间的联系与区别。在德育教育中，过于注重思想政治教育，把学生遇到的心理问题看作是思想问题。而在心理健康教育中，又过度强调心理教育的重要性，对大学生在日常生活中遇到的任何问题都认为是心理问题，强行用心理教育的办法去解决，甚至出现了以心理健康教育代替德育教育的情况。

### （五）对心理健康教育不够重视

如今大学生在学习、生活、就业方面的压力越来越大，如刚刚进入大学校园的新生难以适应新环境，日常学习、生活中遇到难题无法解决，即将毕业的学生面临择业就业或继续深造的问题等。这些心理压力如果不能得到及时解决，必然会影响大学生未来的发展。但目前高校对大学生心理健康教育不够重视，没有系统性的措施来帮助大学生改善这些问题，不利于大学生健康心理的成长。

## 二、大学生德育教育和心理健康教育的实施方案

### （一）优化德育教育和心理健康教育的方法

第一，开展心理咨询和心理辅导课。大学生在日常的学习生活中，难免会遇到心理上的难题，积极地寻求心理辅导是最佳的解决途径。高校积极地开展心理咨询和辅导课程，能够帮助学生正确地认识心理健康教育，有利于培育学生的健康心理。同时，将心理健康教育课程融入德育教育中，培养学生良好的心理素质，塑造大学生健全的人格，为德育教育奠定良好的心理基础，帮助学生形成正确的思想道德价值观。第二，对大学生进行心理调查，针对学生个体情况进行教育。在高校中的众多大学生之间，每个人的成长环境不同，其心理素质也会有很大的差别，心理健康教育不能只是通过统一安排课程教学来开展，更应当注重针对每个学生进行单独的辅导。通过对大学生进行心理调查，能够让大学生正确地认识自己，自觉地接受心理健康教育。同时，也能够加深教师对学生的了解，关注学生日常学习生活中遇到的难题，及时地帮助学生进行心理疏导。第三，以加强情感心理教育推动大学生德育教育。情感是处理人际关系、对自己进行评价认识时的一种情绪体验和态度。只有激发学生的内心情感，才能让大学生感受到德育教育的重要意义，才能够推己及人，自觉地用思想道德来约束自己。同时，情感的产生，很大程度上与大学生的心理有关，通过加强大学生的情感教育，能够将大学生德育教育和心理健康教育更为紧密地联系在一起，实现提升大学生心理素质和思想道德素养的目标。

### （二）建设高素质的德育教育与心理健康教育师资队伍

第一，教师应当同时具备德育教育和心理健康教育知识。由于以往高校对于大学生的德育教育和心理健康教育是分开的，德育教师不具备专业的心理健康教育知识，同样地，心理健康教师也不具备德育专业知识，但在如今德育教育和心理健康教育共同开展相互促

进的教育要求之下，两者必须进行融合，因此，德育教师应当积极学习心理健康教育相关知识，而心理健康教师也应当提高德育教育能力。第二，让德育教育和心理健康教育深入到日常教学活动中。如果只是依赖于专业课程教学，德育教育和心理健康教育的效果并不理想，对学生的德育和心理教育，应当是长久的、持续的，因此，必须要在日常的教学活动中，融入德育教育和心理健康教育，高校中所有的任课教师都应当具备一定的德育和心理教育知识，使其融入文化课程教学中。另外，高校开展的课外活动，也应当融入德育和心理教育的内容，使学生不断受到潜移默化的影响。第三，增强德育教育和心理健康教育的课题研究。由于目前德育教育和心理健康教育体系还不够成熟，高校应当鼓励教师进行不断的探索和研究，通过开展相关课题讨论和科研活动，提升教师在这方面的学术造诣。另外，也要加强学校内部不同专业教师之间的交流，共同研讨相互促进，加强不同高校之间的合作交流，相互分享德育教育和心理健康教育经验，共同推动高校教育工作的进步。

### （三）转变德育教育和心理健康教育模式

第一，正确认识大学生德育教育和心理健康教育。两者之间有着密不可分的联系，同时又有着很大的区别，要想实现更好的教育教学效果，就应当正确地认识德育教育和心理健康教育的关系与地位，在德育教育中融入心理健康教育，同时又让心理健康教育在德育教育的推动下顺利开展。两者之间相互融合才能相互促进。第二，加强德育教育和心理健康教育之间的联系。单独的德育教育无法帮助学生解决学习生活中遇到的心理问题，而单独的心理健康教育也无法帮助学生养成良好的思想道德品质。必须要加强德育教育和心理健康教育之间的联系，让学生的心理和思想都能够在正确的指导下健康发展。第三，以心理健康教育促进德育教育。心理健康教育不仅能够帮助学生正确认识自我心理，解决学生心理上的难题，而且能够帮助学生形成良好的心理素质，为学生提供心灵和思想上的引导，从而帮助学生形成良好的价值观，提升其思想道德品质。从另一个层面上来说，心理健康教育能够对德育教育发挥极大的推动作用。

### （四）营造良好的德育教育和心理健康教育环境

第一，营造良好的社会教育环境。大学生接触社会的机会很多，社会上的一些现象对大学生的成长有着很大的影响。要想为大学生提供一个良好的德育教育和心理健康教育环境，必须要营造一个良好的社会环境。高校应当帮助大学生甄别社会信息的良莠，营造良好的社会舆论，引导大学生接受积极向上的思想，拒绝消极错误的思想。第二，营造良好的校园教育环境。校园环境会对大学生的成长带来最为直接的影响，高校应当加强校园文化建设，形成良好的校风、学风，以良好的校园氛围，感染学生，提升学生的思想高度，增强学生的心理抗压能力。第三，营造良好的课堂教育环境。学习任务繁重、压力大的课堂教学，不利于学生的德育教育和心理健康教育，教师应当转变教学模式，为学生创作一个轻松、愉快的学习氛围，让学生感受到学习的乐趣，自觉主动地学习，能够达到更好的教学效果。第四，营造良好的生活教育环境。学生的生活环境对于学生的思想建设和心理成长也有着极大的影响。高校应当充分了解学生的家庭背景，做好学校与家庭的沟通，共同完成大学生的教育工作。另外，学校应当引导学生营造良好的宿舍氛围，室友之间和睦相处，形成良好的住宿氛围。

　　综上所述，高校大学生德育教育工作与心理健康教育工作的紧密结合，是推动大学生身心健康成长的重要保障，然而，在当前高校大学生德育教育工作与心理健康教育工作开展过程中，德育教育和心理健康教育各自独立、心理健康教育机构设置模糊、缺乏专业的心理健康教育人员、德育教育和心理健康教育混淆以及对心理健康教育重视程度较低等问题，都制约着高校大学生德育教育工作成效与心理健康教育工作成效的协同提升。为此，高校有必要优化德育教育和心理健康教育方法，建设高素质的德育教育与心理健康教育师资队伍，转变德育教育和心理健康教育模式，并为德育教育与心理健康教育工作的开展营造良好的环境，从而为高校大学生德育教育工作与心理健康教育工作的紧密结合奠定良好的基础。

# 第二章  大学生德育工作模式研究

## 第一节  全员育人模式下大学生的德育工作

自中共中央、国务院下发《关于进一步加强和改进大学生思想政治教育的意见》以来，各高校为满足新时期下大学生思想政治教育的需要，纷纷确立了"育人为本、德育为先"的工作理念。在高校大力推进教育教学改革的形势下，创新育人工作方法，坚持"以学生为本，全员育人、全方位育人"，全面助推学生成长成才，努力构建立体式的全员育人模式就显得尤为重要。本节在分析当前全员育人背景下大学生德育工作存在问题的基础上，结合中国石油大学（华东）实际情况，提出全员育人的方法和途径，努力构建精细化的立体式全员育人模式。

### 一、全员育人背景下大学生德育工作存在的问题

#### （一）高校对高素质人才定义模糊，人才培养过程中忽视大学生思想政治教育

随着经济社会的快速发展，尤其是高校进一步扩大招生，我国高校的精英化教育开始向大众化教育转变。这种转变凸显了加强大学生思想政治教育及提升综合素质的迫切性。学习是学生的本职工作，但高校不仅是学生学习科学文化知识的地方，更是提升思想政治水平、综合素质的基地，这对高校的人才培养提出了更高要求。但目前，部分高校评定人才多以学生的专业成绩、专业技能为标准，过度重视专业知识，忽视学生思想政治教育与综合素质的提升。由于对高素质人才定义不明确，所以校领导对思想政治教育工作重视程度不足，学校没有形成浓厚的思想政治教育氛围，学生整体道德素质不高，亟须加强对学生进行思想政治教育。

#### （二）思想政治工作力量薄弱，教师和管理人员的育人积极性和责任感有待加强

高校的思想政治教育工作应以学生工作部门素质较高的专职政工教师为核心，全面动员全校教职工参与，真正做到教书育人、管理育人、服务育人，形成全方位立体的育人工

作模式，切实做到全员育人。但目前，高校从事学生思想教育的工作者多是刚毕业的大学生、硕士生，他们思想活跃，虽然容易与学生沟通，但缺乏工作经验，工作思路与方法不完善，细致和耐心程度都需要进一步提高。此外，由于高校政策不健全，缺少为提升大学生思想政治教育者工作积极性的倾斜性政策，一些学生思想教育工作者缺少晋升机会，工作也无法实现量化，导致其工作积极性不高，人员流动性比较大，大学生思想教育工作队伍极不稳定。同时，一些高校领导、教师在认识上有失偏颇，认为思想政治教育只是辅导员、班主任等专职政工的事情，其他人参与就是越俎代庖。可见，部分高校仍未形成全员育人的意识，这种认识在很大程度上阻碍了全员育人工作的开展。

### （三）忽视朋辈互助的力量，榜样作用在德育工作中效果不明显

朋辈互助也是学生思想政治工作的主要形式。大学生成长过程中的思想政治教育需求是多样的，学生之间年龄相当，没有代沟，容易走进彼此的内心世界，可真正了解对方的想法，有针对性地开展劝导，帮助对方树立正确的世界观、人生观、价值观。朋辈互助是一种共同受益的行为，利用该方式，被帮扶者能有效提升自身的道德素养，而帮扶者则能提升自我成长、自我教育的意识，实现自我价值。但目前，高校依然拘泥于传统的学生工作模式，缺乏创新，没有足够重视朋辈互助的力量与作用，对学生缺乏信心，忽视了榜样的作用，德育工作效果不明显。这既不利于高校思想政治工作的开展，也不能有效发挥学生之间优势互补、互相促进的优势，不利于学生的自我成长、自我教育。

## 二、构建立体式全员育人模式的有效途径

### （一）坚定全员育人理念，完善育人保障机制

教育的最终目标和根本任务是培养高素质的优秀人才。全员育人是培养高素质人才的重要途径，所以高校必须坚定全员育人的理念。全员育人理念需要完善的育人机制做保障。首先，要完善高校师资队伍建设体制机制，打造一支高水平的师资队伍。高水平、高质量、责任心强的育人队伍是培养优秀人才的前提，所以高校应通过集体培训、共同探讨、创办交流论坛等途径，提升育人队伍的综合素质。其次，育人机制的执行力在很大程度上取决于其育人的评价机制，只有将完善的考核机制与激励机制相结合，才能使全员育人定位准、职责明、实施效果好。例如，笔者所在的学院经常组织辅导员外出参加学习培训、举办班主任座谈会，以提高育人队伍自身的学识水平；建立了完善的班主任考核激励机制，通过学生评价班主任工作、优秀班主任评选及班主任工作与教师评定职称挂钩等措施提高专职育人工作者的育人积极性，同时健全了非专职育人工作者育人的奖励政策，提升全员育人的意识和责任感，保障了全员育人工作的顺利开展。

### （二）重视非专职政工教师力量，最大限度地做到全员参与德育工作

"三育人"中教书育人与服务育人的力量不可小视。"师者传道授业解惑也"，教书和

育人是教师的天职，将学生培养成新时代全面发展的人才也是教师教学的根本目的。教师在教书育人、引导学生成才过程中发挥中流砥柱的作用，教师在传授知识及与学生接触的过程中，自己的人格、品德会潜移默化地影响学生，即使不与学生直接接触的教师，自身的优良品德也会在影响校园学习氛围的同时影响着每一位学生，潜在地促使学生科学规划自己的大学生涯，引领学生正确树立自己的人生观、价值观。所以，学校中的每一位教师都对学生的成长成才发挥着至关重要的作用，都应承担起育人的职责。为了最大限度地发挥导师的教书育人功能，笔者所在的学院为每个本科班级配备了专业班主任，为每个宿舍配备宿舍导师，为每位学生量身打造人生导师，师生思想、情感上的交流从学生课堂、专业交流会，延伸到班级例会、学生宿舍，教师每时每刻都在影响学生、指引学生、教育学生。此外，"服务育人"的力量是隐形的，但影响却是最广泛、最持久的。高校后勤职工是不上讲台的教师，在服务中也应承担起育人的职责。高校后勤提供优质服务的出发点和归宿不是为了追求利润最大化，而是要突出体现社会效益优先的原则，遵循教育规律，把育人贯穿于服务的全过程。在服务过程中，除了精湛的技术能激励学生努力学习外，文明、热情、礼貌的服务态度也会使学生在被服务的过程中感知传统道德力量，引导学生健康成长。所以，学校在开展学生工作的同时，也应加强对非专职政工教师的培训，提升他们自身的道德素养；也可以开展学生与教职工共同参与的活动，让师生在交流中共同进步，最大限度地做到全员参与育人。

### （三）重视朋辈互助力量，充分发挥伙伴作用和榜样作用

朋辈互助的形式能弥补高校思想政治工作中的不足，更能满足不同层次学生的需求。有些学生由于自尊心强、性格内向等因素，在学习和生活中遇到困难和疑惑时不愿向教师求助，多求助于身边与自己年龄相当的同学，朋辈互助的伙伴作用和榜样作用就凸显出来。中国石油大学以学生自我成长、自我管理、自我教育为理念，以学生干部、学生党员、优秀研究生及高年级优秀本科生为抓手，通过开展"1+1 > 2""结对子""兄弟计划""研本1+1"等活动帮助学生解决了许多问题，既提升了学生自身的素质，又培养了学生团结互助的精神，使学生在获得成就感的同时，树立正确的世界观、人生观和价值观，真正实现自我成长、自我管理、自我教育。

### （四）加强校园文化建设，注重文化在德育工作中的育人效果

校园、宿舍是大学生的主要生活场所，高校应将这些地方转变成提高大学生自身文化水平和修养的阵地，将校园文化建设、宿舍文化建设等与学生的思想政治教育工作有机结合起来，充分利用校园文化，通过开展积极向上的文化、体育活动，指引大学生成长成才。例如，在开展"文明宿舍""校园文明行为"及"优秀班集体"等评选活动的过程中，教育学生文明竞争，向优秀集体、学生看齐，使其在竞争中提升自我水平和道德素养，充分发挥校园文化的感染功能，提升育人效果。

# 第二节 构建大学生德育工作新模式探析

依据大学生呈现出思想的多元化和心理状况复杂化的现状，本节提出在进行思想政治教育的同时需要考虑到大学生的心理因素，对思想政治教育与心理健康教育的可行性进行论证，提出了结合建议并探索了大学生德育工作模式。

大学生是祖国的未来，民族的希望，关系党和国家的前途命运。令人担忧的是，近年来，大学生呈现出思想的多元化和心理状况的复杂化，这引起了党和国家的关注。为了帮助大学生建立良好的政治素质、思想素质、道德素质和心理素质，党和国家先后出台了《关于进一步加强和改进大学生思想政治教育的意见》《关于进一步加强和改进大学生心理教育的意见》等一系列政策。在党和国家政策的指导下，高校思想政治工作者发现只有遵循知、情、意、行的心理发展规律，将大学生的动机、情感和个性等心理因素协同起来，运用思想政治教育方面和心理健康教育方面的知识和方法，就可以帮助大学生解决心理方面和思想方面的困惑。这就对思想政治教育与心理健康教育的结合提出了要求。

## 一、高校思想政治教育和心理健康教育结合的意义

随着社会环境的变化，大学生的人生观、世界观和价值观正在受多元文化和各类价值观的冲击。同时，他们又背负着学业压力、就业压力、人际关系压力以及生活压力。这意味着大学生在心理和思想层面都正在承受着不同程度的考验。在根据马斯特需求层次的理论，人在满足了依次满足生理需求、安全需求、社交需求和尊重需求后，最后才有自我实现的需求。思想政治教育属于自我实现层面的需求，只有将前四种心理需求满足或有足够的认知后，才能很好地实现第五层面。所以，在进行高层次思想政治教育的同时也要考虑大学生的浅层次的心理因素。由此，思想政治教育和心理健康教育的结合有利于丰富思想政治教育的内涵，拓宽思想政治教育的渠道，充实思想政治教育的内容，提高思想政治教育的效果，能充分发挥思想政治教育对人的心理发展的导向和激励作用。

## 二、高校思想政治教育和心理健康教育结合的可行性

高校的思想政治教育与心理健康教育是相辅相成、互相渗透的关系。当前大学生思想政治教育是以理想信念教育为核心，以爱国主义教育为重点，以思想道德建设为基础，来促进大学生的全面发展。但是大学生的全面发展是建立在良好的心理素质和健全人格基础之上的，只有两者的有机结合才能培养出社会主义建设者和接班人。由此，思想政治教育和心理健康教育的结合是可行的。

首先，思想政治教育与心理健康教育有结合的前提，表现在以下三个方面：（1）培养

目标的相似性。思想政治教育和心理健康教育都是德育工作的一部分，其总体目标是培养出符合社会主义现代化要求全面发展的高素质人才。（2）培养原则的相通性。思想政治教育与心理健康教育具有相通的教育原则，如渐进性原则、巩固性原则、理论联系实际原则、因材施教原则、教师引导与学生主动性相结合的原则等等。比如渐进性原则，在实际工作中，思政教育和心理教育都不可能通过一次课堂教育或谈话达到改变受教育者不良思想和行为的效果，而是要多次教育引导，逐渐让受教育者树立正确的观念和行为。（3）培养方式的相近性。在培养方式上，两者都采取了教育者和被教育者双方共同参与的教育方式。

其次，思想政治教育与心理健康教育有结合的基础，表现在以下三个方面：（1）两者的工作对象一致。思想政治教育和心理素质教育的工作对象都是高校的大学生。两者在教育的过程中，都将学生作为对象，通过引导，培养大学生树立正确的观念、思想、行为、习惯和信仰。（2）两者的管理队伍一致。在高校的管理体系中，两者都是由党委统一领导，任务执行都是学校的政工队伍。（3）两者的工作内容互补。两者都关注人与人的关系、人与社会的关系，心理健康教育是注重人的生理和心理层面，即塑造完整的人格。思想政治教育是注重人的社会层面，即对人的世界观、价值观、人生观、政治观的塑造。只有在良好的心理素质的基础上，思想政治教育内容才能内化成为信仰和理想。也只有在正确思想的指导下，才能不断地保持心灵健康。

## 三、思想政治教育与心理健康教育结合的途径

教育内容的有机结合。对大学生的思想政治教育不仅要有爱国主义、集体主义、社会主义教育，理想、道德、纪律、法制、国防和民族团结教育等思想政治教育，还应包括心理状况的诊断、情绪情感的管理、压力排解与释放、人格教育以及人际关系处理教育等心理健康教育内容。大学生所产生的品德和行为问题究其根源是心理问题和思想问题的综合表现。由于大学生的自我认知不够，容易出现认识上的偏差，导致不良的行为和后果。通过思想和心理教育，能够使大学生增强认知判断能力，进行自我纠偏行为。

教育方法的有机结合。思想政治教育可以借鉴心理健康教育的一些方法。从理论教学层面看，传统的思想政治教育主要是教师为主学生为辅的灌输式的教育方法，而心理健康教育则侧重于以学生为主教师为辅的体验式互动教育方法。后者因为学生的主动参与、亲身体验、积极思考而收到较好的效果。思想政治教育可以借鉴主客互换互动的教学方法，将思想政治教育内容生动化、具体化、生活化，让大学生在这种潜移默化的互动方式中，将马克思列宁主义、毛泽东思想、邓小平理论以及"三个代表"等理论精髓融入大学生的思想中。从实践层面看，思想政治教育工作者主要使用说教式的谈话、表扬、批评等教育方法，而心理健康教育工作者则主要使用倾听、理解、接受等教育方法。后者更容易使大学生在情感上产生共鸣，接受教师的意见或建议。

科学研究的有机结合。高校思想政治教育者也承担着科学研究的任务，从其科研成果

来看主要集中在学生党员培养和党组织建设、思想政治理论研究、课程改革、班级建设、就业创业教育、校园文化建设等方面，而对于大学生心理研究的成果不多。目前，思想政治教育者逐渐开始关注大学生的心理状况，通过加强对大学生心理状况的调查和研究，把实践经验上升到理论高度。这样有利于把握大学生的心理状况和规律，更能提升高校思想政治教育和心理健康教育的效果。

## 四、对大学生德育新模式的探索

学校职工全员动员模式。当前，高校思想政治教育队伍主要由班主任、辅导员、政工干部、思想政治教育专职教师构成。但是，高校的德育工作仅仅依靠这支专职队伍是远远不够的，我们还应该把校内的其他专职教师、行政人员、后勤人员等，纳入德育辅助队伍中来。因为思想政治教育专职队伍本身有一些不足。首先，从专业结构上来看，各专业比例失衡，特别是心理专业所占比例较小。这说明队伍中思想政治教育者缺乏系统的心理学知识。其次，从年龄结构来说，专职队伍中的年轻人大多数都是 35 岁以下。特别是从事一线工作的教育者，很多都是刚毕业的大学生。这说明大多数年轻教育者还处在自身心理和思想的成长阶段，可能对大学生的某些困惑指导性不够。如果有一支校内辅助队伍，就可以很好地弥补主要队伍的不足。同时，这种高校内全员动员模式不仅可以弥补年龄结构、专业结构的不足，也可以营造校园良好的德育氛围。

社会德育网络模式。高校主要利用的是校内资源进行思想政治教育和心理教育的结合，而忽略校外资源。其实，家庭的力量非常强大。要利用这股力量，我们只要建立一个家长与老师的快捷沟通渠道，如建立家长与班主任 QQ 群，让家长及时了解学生动向，就能够充分地发挥家长的德育职能。通过家长，我们能更好地掌握学生的个性特质等非智力型因素，有利于我们走入学生的内心世界，把握学生的思想，对思想政治教育和心理健康教育结合开展非常有利。还有，我们可以通过社会力量，如社会机构、教育基地等；可以通过与非营利性机构联系，学生以志愿者的身份参与一些慈善活动，在帮助他人的同时也帮助大学生认识自我、认知社会，通过具体体验来升华自己的思想境界；与爱国主义教育基地、青少年劳教所等基地联系，学生在参观的过程中，产生强烈的反差感，让学生更能进行准确的自我定位，树立自己的目标、明确自己的理想；与营利性企业联系，学生到企业学习体验，让学生认知良好作息习惯、行为习惯的重要性，自觉自发的督促自己纠正不良行为习惯；引入企业绩效考核方法，如上下课打卡、周考核、月考核等，学生结合考评结果，进行他评和自评，这都能帮助学生进行自我的横向和纵向比较，进行自我准确定位。

大学生自我教育模式。大学生作为成年人，有自我教育的能力。在大学校园内外，大学生有自己的网络群、社团和协会等组织。大学生通过自己的组织也可以开展内容丰富、积极向上的政治、科技、文体、社会实践等德育活动。同龄人之间的互相帮促，这种心理交流和思想碰撞，在某些时候比长辈的劝导效果更好。可以建立大学生自己的论坛，在论坛中以匿名的方式,大学生可以毫无顾忌地倾诉自己的烦恼与困惑,在大家的帮助下可以解决一些人际关系问题、情感问题甚至是思想偏差问题。还可以建立以某种户外活动形式的交流群或社团,通过开展户外活动舒展心灵,感受社会。

通过以上的措施和方法,大学生德育工作者能够更好地开展思想政治教育,更能帮助大学生提升自己的思想素质、道德素质、政治素质和心理素质。

# 第三节 大学生德育工作中实施情感教育模式

情感是道德发展的心理基础。情感体验是获取道德知识的重要途径,道德情感是情感的一种高级形式,对道德认知有激发作用、引导作用、调节作用,也有利于构建德育工作的新框架。

情感教育是德育的一部分,它关注德育过程中学生的态度、情绪、情感以及信念,以促进学生的个体发展和整个社会的健康发展。情感教育是使学生身心感到愉快的教育,通过在德育过程中培养学生的社会性情感品质,发展他们的自我情感调控能力,促使他们对学习、生活和周围的一切产生积极的情感体验,形成独立健全的个性与人格特征,真正使品德、智力、体质、美感及劳动态度和习惯都得到发展。

## 一、大学生德育工作中情感教育的内涵及其融入情感教育的意义

情感教育的内涵。大多数人都有这样一个根深蒂固的观念,认为情感是人类和动物的一种无形的组织兴奋状态,加强情感教育,扩大情感的范围和特征,不是疯狂的想法也是奇怪的念头。然而,真正的情感教育却不以社会赞成与否为条件,而是以一种情感符号发生的潜移默化的、个人的、富于启发性的接触。情感教育是以重视人的情感培育为德育的切入口,寻找如何使情感品质支持人在德、智、体、美、劳等方面素质的发展。情感教育既以情感为目标和内容,又以情感为手段和途径,它是德育过程的重要组成部分。大学生德育中的情感教育有两个重要特征:一是重视人的情感,并把情感发展纳入德育目标;二是利用人的情绪情感的特殊机制,改善和提高道德教育的影响力和有效性。

大学生德育工作中融入情感教育的意义。情感教育对大学生的品德形成具有推动作用。情感是人们对于事物的真假、美丑、善恶所表现的喜怒、爱憎、好恶所产生的主观体验。情感是道德信念、原则行为和精神力量的心脏,没有情感,道德教育就会变成枯燥无味的语言,它所反映和表现的是人对事物的态度。显然,客观现实是情感产生的源泉和基础,脱离客观现实或对客观事物缺乏认识,就谈不上情感。在人们思想品德的形成过程中,情感起着中介作用,是大学生品德结果及其形成过程中的必要因素。

情感有积极与消极之分,积极的情感能引起人的兴奋、激动、愉快的情绪体验,促使

人们热衷于投身到自己感兴趣的活动中；消极的情感则使人感受孤寂、冷漠和烦躁，失去参与各种活动的热情和动力。在大学生德育工作中，由于积极的情感对学生的认知起着引导和激励作用，它可以成为学习活动的直接诱因，可以转化为学习的动机。因此，充分发挥情感的积极功效，并将它融入德育工作中，会真正调动学生的主观能动性，愉快、自觉地投入学习中，并转化为积极的行动，收到良好的教育效果。

大学生的情感带有更多的理性或理智成分。大学生的集体主义情感、爱国主义情感、民族自豪感、责任感、正义感、事业感已经日渐形成，并且建立在对人生、理想、社会、政治等理性思考的基础上，情感来源于认识，而情感的丰富发展又能强化认识，扩大认识的深度和广度。列宁说："没有人的情感，就从来没有，也不可能有对真理的追求。"这让我们知道，大学生得到的知识和认识，如果不能激发自身的情感，那么也就很难形成信念，更谈不上行为或行动了。可见，情感教育在大学生的品德形成过程中所占的地位十分重要。

情感教育对大学生认知的影响。情感作为主要的非认知因素，它以兴趣、愿望、热情等形式构成学习的动机，在学习过程中起着驱动调节作用。情感状态所构成的恒常心理或一时的心理状态，都对当前进行的信息加工起着组织协调作用，它可以促进或阻止学习、记忆、推理、操作和问题解决。大学生思想品德的形成和发展过程是知、情、信、意、行等因素相互作用直至达到平衡发展的内在矛盾运动过程，但同时又是受外部环境影响的过程。这个过程的基本问题是如何将不知转化为知，将知转化为行的问题。大学生德育中情感教育的目的主要是满足大学生这种高层次的情感需要和激发，帮助和引导大学生树立和巩固这种高层次的道德感、审美感和自尊感。大学生只有通过正确的道德情感体验，才能使抽象的道德要领转化为具体的内容，从而激发强烈的道德感，将勤奋学习、助人为乐等视为自己对祖国、对人民应尽的义务。因而大学生德育中情感教育必须坚持"以科学的理论武装人，以正确的舆论引导人，以高尚的精神塑造人，以优秀的作品鼓励人"。

## 二、高校加强情感教育的措施

以知育情，不断提高教学效果，重视发挥主渠道的作用：

第一，教师要努力提高自己的教学水平，这是能否实现以知育情的关键。教师应以扎实的理论功底、广博的知识和丰富的社会经验以及良好的语言表达能力来吸引和征服学生。成功的课堂教学应是使学生产生兴致，给学生带来思考、启迪和回味的教学。教学应理论密切联系社会实际和学生实际，做到既能深入，又能浅出；既有理论，也有实践。

第二，重视发挥大学生的主体性，调动其学习的积极性是实现以知育情的重要因素。大学生已处于青年中期，心智上趋于成熟，独立意识、成人意识越来越强，对思想道德知识的学习已不满足于被动地接受，他们已经有了自己的分析、判断和选择。因此，重视大学生的主体性，在师生的互动中通过引导而不是灌输，鼓励学生自己去思考、分析、寻找答案，既是一个学习的过程，也是一个自我教育、内化的过程。由学生自己开展的讨论、辩论、演讲、情景模拟、心理训练等活动深受学生欢迎。

以情育情，重视发挥教师的影响力：

教师的影响力不仅来自课上，也来自课下，来自日常的言行举止。

第一，教师要自觉重视师德建设，以身作则。课下教师应主动创造更多的机会，寻找更多途径与学生沟通。一方面可以更好地了解学生，另一方面可以拉近师生间的距离，赢得学生对教师的信任和崇敬，使教师的情感更好地影响学生的情感。

第二，重视学生个案问题的解决，使德育与心理咨询相结合。由于学生的成长背景、生活内容各自不同，他们存在的问题也是千差万别的。如果困扰得不到及时的解决，情绪得不到及时的疏导，对学生的身心发展会造成影响，当然也会直接影响思想道德教育的效果。学生往往也正是通过教师对学生个案问题的态度来评价教师的人品，产生与教师或亲或疏的情感体验。

以行育情，建立思想道德成绩的动态考核系统，发挥道德的导向作用。思想道德应实行全程考核制，真正体现思想道德统领全局的作用。目前各大学所进行的思想道德考核只能算是一票制的考核，是在第一学期期末进行的，是静态的。而且由于都是大班课，教师要想了解每位学生，基本是不可能的，平时成绩只能看课堂表现。因此，会出现道德素质高的同学成绩不见得高，道德素质低的同学成绩不见得低的现象。虽然每学年有综合测评，但也只是以学习成绩为主要指标。另外，由于每位辅导员管理的学生较多，对学生尚且不能够认全，更无法真实地、全面地反映学生的思想道德水平。因此，只有构建一个思想道德成绩的动态考核系统，才能真正发挥道德的导向作用。

以境育情，发挥管理育人、服务育人的作用，营造良好的校园育人环境。学校实施道德教育除了理论教学和思想政治工作外，还有广泛的间接途径，它涉及学生的所有生活，这就是校园的育人环境。学生置身其中，陶冶性情、养成习惯，教育家称之为"泡菜理论"。这一育人环境既包括硬件建设，也包括软件建设。

总之，提高思想道德教育的实效性是摆在高校教育工作者面前的重大课题，也是一个需要各方配合的系统工程，而促进大学生道德情感的形成是大学生德育的关键。如果我们能在这一环节上有更多的作为，就能弥补传统道德教育上的缺失，就能造就更多社会所需要的、全面发展的人才。

# 第四节　大学生隐性德育模式的构建

在高校教育中，德育是非常重要的教学工作。而德育教育模式的选用，可以直接影响德育的实效性。需要注意的是，在德育课程中，涵括了显性课程和隐性课程两种。而隐性德育资源是非常重要的德育资源，是需要教师予以足够关注的德育教育内容，值得教师将其融入德育教育体系中。因此，本节主要以隐性德育课程为主，探讨其有效教学模式的构建策略。

高校在全面贯彻落实立德树人这个教学任务的过程中，要注重结合德育课程的自身特点与教育功能来完善德育教育模式，尤其是隐性德育课程中蕴含着显性德育课程都不具备的教育功能，不少德育教师都注重挖掘隐性德育资源来更好地实现德育教育的高效健康发展。

## 一、高校隐性德育课程的基本概述

隐性课程实际上就是没有明确规定却又符合教学经验的一种隐含的、随意的课程资源。有的学者认为，隐性课程对学生产生的影响不在于学业成绩，而在于学生的价值观和情感意志等方面。这一点与德育教育相契合，意味着德育课程资源是适用于德育教育的。而且隐性课程一般都隐藏于校内环境中，如班级环境、校园环境等等，它们能够潜移默化地影响学生的情操，这种影响实际上是无意识的，也是不明确的，虽非立竿见影，但是重在稳定、持久，可以在不断累积的影响力之下产生良好的教育效果。

可以说，隐性课程与显性课程有着明显的区别，在德育教育中，若是能够充分利用隐性资源来辅助显性课程的教学，则可较好地提高德育教学的实效性，构建起科学合理的教学模式。

## 二、高校隐性德育模式的有效构建策略

在大学生德育教育中，教师要构建隐性教育模式，可以充分发挥德育教育模式的有效作用，将德育功能渗透在学生的整个学习生活中。因此，高校可以从以下几个方面来构建隐性德育教育模式：

### （一）充分利用显性课程中的隐性课程资源

高校的显性德育课程一般是指思想道德课程，是一种紧紧与课程考试相关的知识课程。而在显性德育课程中蕴含着一些隐性课程资源，若是教师能够将隐性课程资源挖掘出来，并且渗透在显性知识的课堂教学中，可以很好地提高德育课程的教学质量。例如在"处理民族关系的原则：平等、团结、共同繁荣"的教学中，有些教师往往将其中的知识点机械地列出来，然后让学生进行识记，以使其通过考试，然后获得学分。但是在这样的教学过程中，学生没能充分发挥其隐性德育的教育功能，即便是在显性课程教育功能方面，教师也没有最大限度地将其发挥出来。

为此，教师要挖掘这一课的隐性德育资源，将人人平等、团结互助、共同发展等方面的理念渗透在课堂上，让这些隐性内容潜移默化地熏陶学生的情操，让学生可以慢慢掌握一些为人处世的生活道理与技巧，有利于提高高校的德育水平。比如教师开展合作学习活动，实际上就是渗透了朋辈教育的隐性德育资源，学生可以在隐性德育资源的无意识和非计划性的渗透作用下接受其中的德育教育，可促进学生德育素养的提升。

### （二）充分利用校园文化层面的隐性课程资源

在校园文化方面，可以包括物质文化和精神文化两种，教师应该挖掘其中的隐性课程资源，充分发挥其蕴含的德育功能。首先，在物质文化方面，高校可以从校园景观方面入手，从建筑、山水、道路等多个方面，对相关景观进行优化设计，使其使用功能、审美功能可以与德育功能相结合，让隐性德育资源能够借助景观对学生的感染作用，使其潜移默化地对校园产生归属感，同时也对校园文化产生认同感。例如学校可以在校园的公共场所布置雕塑、书画等蕴含丰富文化内涵和隐性德育资源的物质景观，并做好校园的绿化美化工作，切实将校园景观文化的隐性德育功能发挥出来。

其次，在精神文化方面，其中所蕴含的隐性德育课程能够体现在校风、教风以及学风等方面。第一，学校要鼓励教师与学生建立起和谐的师生关系，引导学生学会处理好人际关系，形成师生和谐共处的画面。第二，学校要倡导优良学风传统的宣扬与传播，启迪学生树立起积极健康的学习态度，养成正确的学习行为习惯。第三，学校要抓好学生管理工作，这也是加强教风的重要举措，要杜绝一些不良风气在校园内蔓延。尤其是一些攀比心理、享乐主义等会影响学生的价值观念，阻碍学生的健康成长。

### （三）充分利用德育制度环境的隐性课程资源

学校制度环境的内容可涵括学校与班级规章制度、领导体制及领导风格、教学管理模式以及教学管理组织等等。这些内容都渗透着领导者与管理者的思想观念以及思想取向，尤其是以人为本的理念、正确的道德习性和行为方式等等。通过这些隐性德育资源的渗透，可以让学生懂得自尊自爱、自律自勉，有利于增强学生的法治意识，使其懂得遵纪守法，并且理性地认识民主与自由，懂得正确地履行自身的权利与义务，既提高其德育素养，又可养成其良好的行为习惯。

总之，隐性教育资源是非常重要的德育资源，教师应该注重充分挖掘显性德育课程资源中蕴含的隐性资源，同时学校也可以加强校园文化建设工作，并且充分利用德育制度环境的隐性德育资源，全面构建高效的隐性德育教育模式。

## 第五节　大学生生活园区德育模式

高校学生生活园区是大学生生活、学习、交往、文化娱乐的公共区域，也是传承大学精神、彰显高校特色、开展思想政治教育的重要平台和阵地。在高校学生生活园区融入德育，需关注学生的个人需求和个性差异，潜移默化地影响学生，充分发挥学生的主动性，构建满足学生成长需要、促进学生发展的生活园区德育模式。

高校生活园区的德育工作以学生的生活实践为根基，以实现学生的全面发展为目的，以学生的实际需求为出发点和落脚点。本节在德育生活化理论的指导下，结合现实实践经验，探索高校学生生活园区的德育模式。

## 一、高校学生生活园区德育模式探索的理论基础

马克思主义道德观认为，社会生活决定着人们的道德观念，道德作为一种特殊的社会意识，是由一定的经济基础决定的，它产生和存在于生活之中。"不是意识决定生活，而是生活决定意识。"道德观念也是发展变化的，它随着社会生活的改变而变化，生活环境、条件的变化会引起人们道德观念的变化。特别是在高校生活园区，人群密集，观念呈现出多元化、多变性等特征。因此，在高校生活园区开展德育工作，要让德育回归生活，贴近学生的现实需要，也要考虑到学生的差异性，通过德育工作的广泛深入，让学生过有道德的生活，做有道德的人。

外因总是通过内因起作用，在高校生活园区开展德育，应该发挥学生的自我能动性，在学校提供必需的条件和环境下，引导学生在真实的生活体验中理解德育内容，将外在的德育要求内化为自己的道德追求。积极开发利用富含价值导向功能的生活资源，引导学生的道德生活实践，让学生在真实道德情境中感悟生活的意义、思考人生的价值，在和谐、文明的生活园区中培养积极的道德情感，养成良好的道德行为习惯，从而不断提高学生的德行修养。

## 二、高校生活园区德育工作面临的问题

生活园区中网迷、"宅人"越来越多。大数据背景下，虚拟网络已经成为大学生日常生活中不可或缺的部分，很多学生沉迷网络游戏不能自拔，一方面严重影响自己和宿舍成员的休息，出现身体疲惫、精神状态不佳等不良反应。另一方面，长期沉迷网络，部分学生容易迷失自己，学习上精力不足，出现旷课、学习成绩下降等现象。另外，有些学生生活比较懒散，足不出户，很少参与户外活动，生活缺乏明确的目标，这也是目前高校生活园区德育面临的一大难题。

高校学生生活园区管理队伍呈现年龄较大、专业知识不足的现象。高校生活园区大多是中老年的宿管阿姨、师傅，他们大多具备服务学生的热情，但在知识结构、学校的法规制度等方面并不专业，这就导致了他们虽然与学生接触时间较多，但不能给予学生生活以外的指导和帮助，有时可能还会误导学生，给出不恰当的建议。

高校生活园区缺乏信息报送及应急机制。目前大学生都是"90后"，他们在学习、心理、情感、生活等方面的需求呈现出多样性，但囿于园区缺乏信息报送及应急机制等因素影响，有些学生的需求、情绪或者矛盾得不到及时解决，极可能会引发突发事件，在这些问题上，高校学生生活园区面临较大压力。

## 三、高校学生生活园区德育模式的几点探索

第一，夯实高校学生生活园区德育工作的物质文化基础，适当拓宽园区内学生文体活动的公共空间，为学生走下网络、走出寝室创造条件。在条件允许的情况下，高校可对生活园区的内部格局进行改造，完善文化活动场所、公共活动空间等基础设施，增设运动休闲、生活服务等现代化配套设施，进一步拓宽学生在生活园区的活动范围，丰富校园文化生活。同时，注意良好的生活园区文化氛围的营造，注重文化内涵建设。如在学生宿舍内开辟"文化走廊"，展示学生先锋代表风采、校园文化活动剪影，宣传社会主义核心价值观知识等。

第二，树立以人为本的育人理念，增强生活园区管理人员的服务意识。德育工作是一种影响人心灵的精神性活动，是一种以德行人格影响人格形成的交互活动。这就要求生活园区的教育者既要有高尚的德行人格，又要有科学的育人理念。生活园区的管理人员应从"服务学生"出发，尊重理解学生，关心帮助学生，尽可能以善意的方式给予学生在生活上的精神关怀，使学生通过道德生活中的生命体验实现内化，不断提升道德人格境界。

第三，打造优秀的生活园区管理梯队。生活园区中学生密集，活动时间持久，必须加强管理人员的业务技能和服务能力，才能保证园区的稳定、和谐。首先，宿舍管理人员需要掌握专业的管理知识，学习新型高效的管理模式，熟知学校园区的相关管理规定、学生住宿的相关要求、后勤服务范围等，才能在日常的生活中给予学生正确的指引。其次，院系一般都设有辅导员值班室在学生的生活园区内，方便老师经常走访学生宿舍，与学生交流，了解学生的想法，及时解决学生的实际问题。最后是学生队伍，在学生生活园区中要充分发挥学生的作用，让学生直接参与生活园区管理工作，提高自我管理、自我服务意识。有些高校成立学生监督管理委员会、楼宇管理委员会、学生党员寝室等学生组织，他们深入学生群体，及时了解和反馈学生诉求和意见，监督各项制度的执行，畅通学校相关部门和学生之间的联系、沟通渠道，为学生谋福利、解难题。

第四，加强制度建设，建立重大事件信息报送工作制度、学生预警工作机制和突发事件快速反应机制等，提升生活园区的危机处理能力。高校可跟学校的心理机构或部门联合，在生活园区内设立心理辅导室，解答学生的心理、情感等困惑，排解学生心理上的种种不适，关注学生心理健康，如指导学生如何积极预防、妥善处理学生宿舍之间的矛盾，如何正确宣泄负面情绪和应对突发事件等。发现不良势头时，努力将矛盾化解在基层，解决在萌芽状态，及时有效地排除可能导致学生思想不稳定的不良因素，维护学校师生的合法权益，确保生活园区工作有序运转。

第五，加强网络监管，发挥舆论的正面导向作用，牢牢把握网络文化建设主动权。高校应加强生活园区网络的监督和管理，及时关注学生的思想动态和网络舆论，净化、优化和美化生活园区网络环境。可通过新媒体发布一些话题讨论，如在易班上举办如何有效摆

脱网络成瘾、人际交往焦虑等心理讲坛。目前，很多高校已经建立了学生社区局域网络，网络模块涉及学生的教学、思想、班级事务、生活服务、民主管理、文化生活等，融思想性、知识性、趣味性、服务性于一体，经常开展积极向上、丰富多彩的网络文化活动，分享和交流学生关注的热点问题，解决园区中出现的重点难点问题。

# 第六节　以人为本理念下大学生德育实践新模式

随着互联网和计算机的不断普及，大学生接触到的信息日益多元化，其不可避免地受到各种不良信息的影响，这就在一定程度上增加了大学生德育的难度。因此，若要提高大学生德育的效率，就必须不断探究学生的个性特点及德育的特点与规律。并在以人为本理念的指导下，制订切实可行的教学计划和进度。本节首先分析当前大学生德育中存在的诸多问题，即教育形式过于单一、教育内容忽视人的内在需求、教育过程忽视学生的主体地位等。又在此基础上从树立以人为本的教育理念、创新德育工作机制、改革德育课程设置、构建良好的德育氛围等方面，研究以人为本理念下大学生德育实践新模式的具体策略。希望以此提升大学生德育效率，为社会经济文化建设培养高素质人才。

高等院校的主要目标是为社会各界培养高素质人才，这就要求大学生不仅要具备高超的专业素质，还应当具有高尚的道德情操和正确的世界观、人生观、价值观。因此，大学生德育不仅关系大学生的身心发展，更影响我国社会主义现代化建设事业的开展。随着计算机与互联网的不断发展和普及，大学生接触到的信息日益多元化，同时也不可避免地接触到各种各样的消极信息，这对大学生的世界观、人生观、价值观形成了不同程度的冲击，也对大学生德育提出了新的要求和挑战。因此，高校若要培养高素质的复合型人才，提升大学生的综合素质，就必须全面探究大学生的个性特点、兴趣爱好、年龄特征等要素，在此基础上提升德育的针对性和实效性，真正做到以人为本，尊重大学生在德育过程中的主体地位，切实提升大学生的道德素养。

## 一、当前大学生德育实践中存在的问题

### （一）教育形式过于单一

在德育内容选取方面，大部分高校都过于重视现实政治宣传需求，关注社会对大学生的品德要求，却忽视了大学生的个性发展特点与实际需求。未能根据大学生的主体性，制订针对性德育计划，这也在一定程度上影响了德育的实效性。此外，大部分大学生德育依旧采用传统教学模式，以讲授式为主，这导致教师无法及时了解大学生在生活和学习过程中遇到的各种疑问和困惑。不能及时掌握大学生的思想动向，并给予针对性的指导和帮助。在这种单一僵化的教学形式下，师生之间缺少互动，大学生的参与积极性逐渐降低，德育

效果根本得不到保证。

### （二）教育内容忽视人的内在需求

当前，大部分高校的德育内容主要包括以下几个方面：首先是集体主义、爱国主义等政治道德教育；其次是大学生基本道德教育；再次是人格教育和心理健康教育；最后是世界观、人生观、价值观等信仰教育。总体而言，大学生德育内容侧重于意识形态教育，甚至具有一定的泛化倾向。对大学生的人格特点和个性发展需求则关注过少。德育内容多考虑社会需求，忽视大学生的主体性，这就导致德育内容结构不科学。

### （三）教育过程忽视学生的主体地位

在传统德育模式影响下，许多大学生德育过程都忽视了大学生的主体地位，未能充分考虑大学生的道德现状和心理需求，一味地讲解和灌输道德规范与理论知识。大学生在德育过程中始终处于被动、服从的地位，这显然无法充分调动大学生的德育参与积极性，不利于提升大学生的综合素质和道德素养，难以将道德规范内化为大学生的道德情操。

## 二、以人为本理念下大学生德育实践新模式的具体实施策略

### （一）树立以人为本的教育理念

大学生德育的最终目的是完善大学生的人格，端正他们的品行，实现大学生的发展，因此，德育必须坚持以人为本的理念。切实考虑大学生的身心发展需求，尊重他们的思想意识教育和形成规律，并通过师生互动和交流，将法制观念、思想意识、心理素质、政治观点、道德要求逐渐转化为大学生的内在素养，进而帮助大学生树立正确的世界观、人生观和价值观，促使他们发展成为先进文化和生产力的建设者与开拓者。此外，随着社会的不断发展以及知识经济时代的到来，社会各界对人才的要求越来越高，大学生不仅要积极学习和掌握各种专业知识与技能，还要不断提升自我修养。这就要求大学生德育应当秉持发展理念，切实关注学生的长远发展，培养大学生的判断力、创造力、意志力和亲和力，引导学生树立终身德育理念，自觉提升自身的道德素质。

### （二）创新道德教育方法

首先，应当采用实践法，将德育内容与生活实际有机结合在一起，引导学生在实践中逐步提升自身素养。比如，高校可以组织大学生进行调查、参观、志愿、实际锻炼、帮贫互助等活动，以便增强德育的生活化、人性化、自主化和动态化。在德育过程中教师应当承担起引导者和组织者的责任，加强师生互动，并及时关注大学生在德育实践活动中的表现，进而给予正确的评价和引导。其次，要运用案例教学法。运用案例引导大学生及时了解社会热点问题，并对之进行道德思考和探究，提升自身的道德思维能力，并及时走出道德误区，正确解决自己的就业、学习、生活、人际交往等过程中存在的困难与疑惑。最后，要采用咨询教育法。教师应当通过个体心理咨询，及时了解大学生的道德疑惑和难题，并

给予帮助和引导，增强大学生的自主道德解决能力。教师既可以针对某一德育问题进行整体调研，也可以对某一个学生进行全面探究和了解，通过多样化的咨询和调查，增强德育的深入性和全面性。此外，还应当采用自我教育法。以人为本的教育理念不仅要求德育要关注大学生的个体发展，还要激发大学生的主观能动性。切实改变大学生在德育过程中的被动状态，鼓励他们主动学习，并自觉巩固和内化德育知识与技巧，进而提升自身的是非判断能力、善恶分辨能力，自觉抵制不良信息的干扰，不断规范自身行为，加强自我调整和发展。

### （三）改革德育课程设置

首先，德育课程应当改变以往传统的灌输式课程模式，传统德育模式过于关注知识的讲解和传授，观点鲜明且时间集中，使大学生在德育过程中产生强烈的被动感，这显然不利于提升大学生的德育参与积极性，甚至会扼杀大学生的探究和思考兴趣。所以，大学生德育课程设置应当采用问题探讨式教学模式，针对当前的热点社会问题，或大学生生活和学习过程中容易遇到的问题，进行专题探讨，以小组为单位展开讨论与争辩，这一方面可以极大地提升大学生的学习兴趣，另一方面还可以帮助大学生巩固和运用德育知识。其次，要加强德育知识的内化和渗透，目前，我国大部分高校的德育课程，仍旧要求大学生接受既定的和公认的道德信仰与规范，很少涉及和安排大学生深入探究道德伦理问题与案例，对大学生的道德思维能力关注较少。所以，大学生德育课程设置革新应当通过多种渠道加强渗透，将个性教育和共性教育、专业教育和现实教育、课外教育与课堂教育有机结合在一起。

### （四）构建良好的德育氛围

若要提升德育实践的效率，还应当构建良好的教育氛围，鼓励学生根据社会公德规范与标准，积极参加各项德育活动，并在参与过程中进行自我感悟、自我控制、自我体验、自我评价，自觉调整自身的道德理念和行为。德育最终要依靠大学生对知识与理念的内化，因此，当大学生已经具备一定的知识水平、心理素质、逻辑思维能力时，教师就应当创建有利的德育氛围，并鼓励大学生开展自我教育。因此，高校应当加强校园文化建设，营造良好的校园文化氛围，创设良好的育人环境。促使大学生在日常生活中自觉学习和领会党的各项政策、方针和路线，坚定政治立场。健康、丰富的校园文化和活动可以使大学生在潜移默化中自觉接受道德教育，进而实现道德提升与人格升华。高校可以根据自身条件和学生需求，开展多样化的德育活动，营造德育氛围。例如，邀请校园内外的先进人物开展道德教育讲座，以榜样的作用引导大学生自觉加强道德教育；或利用校园广播、网站、公众号，宣传先进人物与事迹；针对某一社会问题或现象开展辩论赛，让大学生在参与辩论的过程中进行德育内化；在"文明礼貌月"开展图片展，展出各种德育活动的照片。这一方面可以增强德育活动的多样性，提升大学生的参与兴趣；另一方面还可以营造积极健康的德育氛围。让大学生随时随地接受道德教育，增强德育的灵活性和时效性。大学生在这种德育氛围和环境中可以不断地自我调整、认识、比较和控制，进而不断完善自我和净化灵魂，增强自身的自律能力，树立远大崇高的人生目标，为社会经济文化发展自觉贡献力量。

# 第七节　网络时代的大学生德育工作模式

网络技术的进步促进网络德育教育工作的发展，同时也引发了一系列网络德育教育问题。基于此，高校在进行德育教育工作的过程中，需要从学生自律意识培养角度出发，从自身德育教育网站建设角度出发，从高校网络监管角度出发，明确网络环境下德育教育工作的新要求、新办法，进而为培养更多道德品质高、基础能力强的社会主义建设人才，促进我国社会建设事业的不断发展和提高。

## 一、网络环境对大学生德育工作的影响

积极影响。综合网络环境的积极影响来说，有以下几点。

首先，网络环境下，德育教育的主体具备某些"非主体性"。在网络环境下，学生接受教育的渠道被拓宽，学生受教育过程中的被动性被弱化，其能够在更为平等、民主、自由的形势下接受德育教育，因此其接触德育教育内容的意愿更强。

其次，网络环境下的德育教育内容更全面，学生具备广阔的选择空间。从教育者角度来说，跟进时代潮流以掌握新潮化的教育内容，系统了解德育教育体系以保证教授内容的全面性，是教育展开的必要条件。网络环境下信息渠道的拓宽为德育教育新知的补充提供了更多可能性，自然也使得德育教育工作的系统化深入和与时俱进成为可能。

最后，网络化的发展促进大学生思想观念的不断更新。科学思想作为社会进步的主要支撑，能够为社会发展提供精神力量。互联网技术作为 21 世纪最为有力的生产动力，能够保证大学生思想的不断解放。

李根源先生对于学校的维护，起了很大的作用。凭着他的革命热诚与灵活的手腕，任劳任怨的精神，这个革命力量的熔炉才得以保存下来。"

消极影响。在积极影响的背后，网络德育教育还具备一些消极因素。

首先，网络文化具有多元性，在此模式下，大学生接受的德育教育信息较为复杂，网络上某些以民主、人权等为幌子宣扬拜金主义、享乐主义价值观，同时攻击中国社会主义意识形态的行为，将会对大学生思想造成严重侵蚀，导致某些功利主义、个人主义价值观的形成，不利于社会基本意识形态的良好发展。

其次，网络中的色情、垃圾信息等，极易对大学生的思想造成影响。相关调查显示，在当前非学术信息的网站中，有 47% 左右的信息与色情信息有关。在此情况下，价值观

尚未完全形成的大学生有可能因为过度浏览网络色情信息，身心受到影响。

再次，网络的虚拟化环境给学生提供交流空间，同时也转变着人们在现实生活中的交际方式。过分沉迷于虚拟环境，有可能导致学生漠视周围的生活环境。另外，网络环境本身的匿名效果也使得大学生的网络行为可能缺乏必要监督，进而导致如在校园网站中发布低俗信息的行为出现。

最后，网络黑客文化的流行和网络安全监督机制的不健全可能使得学生形成以侵入他人网站、传播网络病毒为荣的思想，前几年流行的"熊猫烧香"的病毒传播，对社会造成了严重的负面影响。

## 二、当前我国大学生的德育教育问题

近年来，我国不断提升大学德育教育的地位，大部分高校对于学生的德育教育工作的重视程度越来越大，并且取得了一定的发展成绩，但是我国大学德育教育工作仍然存在着一些问题，制约着德育教育的平稳、可持续发展。为此，对于大学德育教育问题的探析在下文将一一展开。

政治素质下降。网络技术的发展为当前德育教育提供了新型手段。网络环境下，学生的德育教育工作手段不断改进，如以德育教育为主的《那年那兔那些事儿》的漫画、以爱国教育为主的各类网络剧以及以公众号为代表的德育教育宣传平台的利用，都为当前的德育教育工作提供了条件。

社会公德缺失。现阶段可以看到许多新闻报道，在城市公交车上大学生不给老幼病残让座的新闻，面对让座的现象只顾低头玩手机或者看窗外，这就是我国大学生社会公德缺失的现象，甚至不如一个小学生有礼貌。随着年龄与学历的增长，社会道德却呈现负增长，乐于助人、尊老爱幼的中华传统美德在当代大学生身上逐渐消失。

大学生个人素质堪忧。现阶段我国大学生个人素质堪忧，比如课堂上玩手机、看杂志，在考试时作弊，在校园里随地扔垃圾，毕业论文不想写就找人"代写"，这些现象虽然只是小事，但是"勿以恶小而为之"，这些小事反映了一个大学生的个人素质，这类大学生步入社会也不会一帆风顺，会出现许多工作上的问题，这也是当代大学德育教育的工作重点。

## 三、网络时代的大学生德育工作模式优化

加强网络道德教育，培养大学生的自律意识。为保证德育教育工作的有效展开，各大高校首先需要从网络德育教育工作入手，增强大学生的自律意识，提高大学生的自律能力。比如，各大高校可以借助中国知网检索解决学术不端行为的办法，拒绝各类论文抄袭行为。另外，在大学生入学军训的过程中，也需要加强思想品德教育和学术道德教育，以真正促进学生道德品质和基础学习能力的共同提高。

提高网络意识，加强德育网站建设。从高校自身发展角度来说，提高网络意识，能够保证高校教育内容的与时俱进，能够促进以马克思主义、毛泽东思想等为代表的思想教育内容的宣传，帮助学生在各项方针政策的指导下树立良好的价值观。因此，高校需要从德育教育网站建设出发，一方面形成政治含量和文化含量较高的网站系统，帮助学生树立科学的价值观；另一方面则可以借助网络教育活动，增强教育互动，提高学生主动学习德育教育内容的意识。

加强对网络的监控和管理，加强对大学生的网络法制教育。加强网络的监管可以从以下角度入手：首先，建设常规机构进行专门网络德育内容的宣传和检查，尤其重视大学论坛等的监管，对学生中某些不规范的行为及时制止和教育；其次，争取相关部门的配合，借助不良信息清理办法，结合公安部门力量，对破坏校园网络安全的不道德行为予以及时、严厉的打击。

营造德育教育的课堂氛围。近朱者赤，近墨者黑，要想加强学生的德育教育，应该营造良好的课堂氛围，熏陶学生提升自身的德育水平，比如设立德育教育标语，学生随时受到教育，在潜移默化的影响下就能产生意想不到的效果。此外，还可以提升大学德育教育课堂的教学质量，引入德育教育新型教学模式，创新发展德育教育的教学方法，如举办德育知识大赛，调动学生学习的积极性，这样才能保证我国大学课堂德育教育的作用。

建立健全"两课"建设。所谓"两课"建设，就是在大学德育教育课堂中加强理论知识与实践活动两个教学方式。理论知识是大学德育教育发挥课堂优势的基础，只有做好了理论知识的教学，才能保证下一步工作的开展，这就需要我们教育工作者提升自身的能力，在新时期做好大学德育教育课堂教学任务。做好课堂理论知识的教学是万里长征的第一步，大学德育教育课堂教学还应该加强实践活动教学，"纸上得来终觉浅，绝知此事要躬行"，只有让学生真实投入实践活动，才能发挥课堂在大学德育教育中的作用。具体实施措施为组织大学生到红色纪念馆参观、深入贫困地区进行义务帮助，通过这些措施来提升大学生的德育水平。

# 第八节　大学生"三全育人"德育模式

高校思想道德课程教学是培养大学生思想道德素质的主渠道，对于推进"三全育人"具有深远意义。本节针对当前大学生德育工作的主要困境，结合高校"三全育人"的工作要求，研究高校构建"三全育人"德育模式运作机制的具体策略，旨在促进高校思想道德教育创新发展，为国家培养德才兼备的优秀人才。

高校肩负着人才培养的重要使命，要更新教育观念，转变教育方式，为国家培养德智体美劳全面发展、担当民族复兴大任的时代新人。育人为本，德育为先。新形势下的大学生德育工作呈现出良好的发展趋势，取得了一定的成效，但面对瞬息万变的国际形势和日益频繁的文化交流，大学生德育工作也面临着一些新的挑战。因此，高校要围绕"培养什么人、怎样培养人、为谁培养人"的根本问题进行研究，以立德树人为中心，构建"全员育人、全程育人、全方位育人"的"三全育人"教育体系，让人人参与教育活动，将育人工作贯穿于大学生学习生活的全过程以及大学生发展的各个环节，以形成强大的教育合力，进一步增强思想道德教育的实效性，促进大学生的全面健康发展。

## 一、当前大学生德育工作的主要困境

德育工作没有得到充分重视。从具体的教育实践来看，德育工作并没有得到充分的重视，有时流于形式。在实际工作中，口号往往多于行动，一些深层次的德育问题没有得到充分解决。部分教师只看重学生的专业课成绩，认为德育工作是思想政治课教师的事情，忽视自己在德育工作中的重要责任。

德育方法比较落后。随着社会政治、经济、文化的快速发展，大学生德育工作的环境、对象、内容等方面都发生了明显的变化，传统的重灌输轻启发、忽视学生思想实际的德育方法，已不适应大学生个性化成长的需求，不符合新的时代要求。

师生关系有时比较疏远，情感教育比较薄弱。思想道德教育的本质是让受教育者产生道德情感，自愿认同并遵守社会规范。这要求德育工作者遵循以生为本的理念，关注学生的心灵，关注学生的道德情感和人格发展。但从实际的教育情况来看，师生关系有时比较疏远，缺乏情感的交流与共鸣，导致德育实效性不佳。

互联网的冲击。互联网是一把双刃剑，一方面，网络可以拓宽大学生的视野，丰富大学生的文化知识；另一方面，网络上的一些不良信息也可能干扰大学生的思想，影响大学生正确世界观、人生观和价值观的形成。有些大学生过于依赖互联网，沉迷于虚拟世界，心灵受到腐蚀，荒废青春和学业。

## 二、高校构建"三全育人"德育模式运作机制的策略

建立党委统一领导，各部门齐抓共管的队伍机制：

（1）认真落实党委统一领导。党委是大学生德育工作的领导核心，负责德育工作中重大问题的研究、德育规划及具体政策的制定，同时负责协调其他部门开展好德育工作。党委充分发挥好领导核心作用，才能凝聚人心，才能保证德育工作有序进行。要构建科学的育人体系，通过统一的领导、合理的分工、其他部门的通力合作，形成全员育人格局。

（2）强化高校辅导员和班主任的骨干作用。面对思想尚不成熟、对新生事物比较好奇的大学生，高校辅导员和班主任应该更新思想道德观念，提高自身综合素质，这是做好德育工作的前提和基础。要具有深厚的思想政治理论素养，具备相应的专业基础知识，深刻把握思想政治工作规律、大学生的成长规律，注重发挥先锋模范作用。要以学生为本，经常走进大学生群体之中，多跟大学生进行沟通，了解大学生心声，关心大学生在学习和生

活碰到的问题，准确掌握大学生的所思所想，切实解决大学生遇到的实际困难。只有这样才能承担起大学生人生导师的重任，引导大学生树立正确的世界观、人生观和价值观。

（3）发挥"两课"教师的主导作用。马克思主义理论课和思想品德课是对大学生系统进行思想政治教育的主渠道与主阵地，大学生正确世界观、人生观和价值观的形成主要依靠"两课"教师，德育的效果在很大程度上取决于"两课"教师的思想政治教育，因此，"两课"教师在大学生德育工作中发挥着主导作用。"两课"教师必须努力提高自己的理论素养，丰富自己的专业知识，改革教学手段和教学方法，激发学生的学习兴趣，促使学生深化对思想道德理论知识的理解。同时，要注重完善自己的人格，以自己的人格魅力去感染学生、影响学生、鼓舞学生、进一步提高德育效果。

（4）发挥后勤人员的服务育人作用。后勤工作是高校工作的重要组成部分，要重视发挥服务育人功能，增强德育合力。首先，高校后勤人员要强化育人意识，注重在服务工作中培养人。其次，后勤人员要加强思想道德修养，因为一言一行和服务质量将对大学生的心灵产生直接的影响。要加强理论学习，不断提高自己的思想文化素质，为学生的成长成才创造良好的条件。

强化课堂教育机制。首先，要认真抓好课堂教学，充分发挥第一课堂的主阵地作用。德育工作者要达到教书育人的目的，提高教学实效性，就必须充分利用课堂教学环节，切实提高课堂教学效率和教学质量。要注重编写高质量的德育教材，构建具有时代性、思想性的教材体系，贴近学生的思想实际；要注重改革德育方法，通过案例教学法、情境教学法等教学方法营造良好的教学氛围，增强学生的道德判断力，提高课堂教学效果。其次，要经常开展各种课外活动，开辟第二课堂的重要基地。单纯的书本知识需要与实践活动相结合，才有可能获得深刻的认知。道德感是在活动中产生的，有意义的活动能够丰富学生的道德情感，并促使学生将所学的道德知识外化为具体的行为。高校要经常开展具有创意的校园文化活动，达到润物细无声的德育效果；要深入开展各种社会实践活动，开阔学生的视野，让学生更好地了解社会，提高思想道德修养。

优化环境育人机制。人是环境的产物，良好的环境有利于大学生形成正确的世界观、人生观和价值观，因此高校要注重和谐的德育环境的创设。首先，要重视校园物质环境的建设，注重优化校园布局，完善基础设施。其次，要重视校园文化的建设，形成优良的校风、教风和学风。另外，还要高度重视校园网这个自由开放的平台，要占领网络德育新阵地，引导网络舆论走向，以健康的网络文化推动大学生良好的道德品质的形成。

建立大学生自我服务、自我管理、自我教育、自我监督机制。苏霍姆林斯基说过，只有能够激发学生去进行自我教育的教育，才是真正的教育。因此，大学生德育工作要坚持教育与自我教育相结合，在重视教师的教育引导作用的同时，充分激发大学生自我教育的积极性和主动性，让大学生学会自我服务、自我管理、自我教育、自我监督，从而提高大学生的综合能力，增强大学生的道德素质，促进大学生的健康成长。首先，重视班集体建设。班级是大学生学习、生活的基本单位，是培养学生成为优秀人才的有效载体，优秀的班级具有团结人心、激励学生不断进步的重要作用。班主任要加强班集体建设，定期开展有特色的班级活动，重视以文化人和实践育人。其次，充分发挥大学生社团的自主作用。通过参加思想政治类、志愿公益类、文化体育类、创新创业类等社团活动，大学生可以培养兴趣爱好，增进同学友谊，加强交流合作，提高综合能力，升华思想道德境界。

# 第九节　后勤服务育人与大学生德育新模式

随着我国社会向市场经济转型，当代大学生的价值观发生了很大变化，应当说我国大学生思想状况总体是积极向上的，然而近年来教育界出现了"对小学生讲爱国主义、对中学生讲集体主义、对大学生却不得不讲行为规范"的现象不得不引起大学生德育工作者的深思。2004 年起在中央 16 号文件精神的指导下，我国各级各类高校都进一步加大了德育工作的力度，并在德育内容、德育方法及德育效果的评估等方面做出了大胆有益的探索与尝试。但近几年来的德育实践充分表明，学生整体的思想政治道德素质水平并没有明显提高，德育教育效果也不够理想，因此对于新时期大学生德育工作有效开展的新途径和新模式的相关研究呼之欲出。

## 一、对生活德育及生活文化的认识

目前，我国大学生德育从某种程度上讲仍是重知识灌输，轻道德实践；重理论学习，轻生活中的实际体验，因此难以取得实效。校园生活是大学生在校园中生存的基本形式，也是社会生活的部分缩影和学生接触社会的桥梁。德育作为德行养成的教育，与生活有着密不可分的联系，它必须以生活为基础。德育教育的环境建设也应当关注生活、体现生活、引导生活，从而提升生活。据此，我们提出基于校园文化背景的生活文化德育论，即从生活文化的角度构建德育环境，引导大学生在当下现实生活中从最熟悉的生活环境和喜闻乐见的元素中受到教育。因而，我们所强调的大学校园的生活文化建设不仅仅是德育的基础，也是德育教育的途径和目的。

高校生活文化是指在校园文化中，关乎学生生活所特有的各种有形物质环境和无形的文化氛围，学生学习生活中的宿舍、教室及食堂等构成了学生生活文化最重要的场所，而寝室文化、教室文化和饮食文化，这三个最主要的模块一起三足鼎立，共同构建了全新的现代高校校园生活文化体系。

鉴于此，我们提出以生活文化建设为切入点，以学生日常生活为出发点，并依托所在高校已开展多年的相关实践活动，不断总结提升，以创建起高校后勤与党团学共建育人的新平台，探索后勤服务育人的新模式，同时开展有本高校特色的、源于校园生活又作用和指导校园生活、有普遍参与性的，贯穿于大学生在校期间全程的生活文化建设，以实现大学生德育教育春风化雨点滴入土的育人效果。

## 二、生活文化建设丰富了后勤服务育人的内涵

随着高校后勤社会化步伐的加快，高校后勤也更多地与优质化服务接轨，这迫使后勤要不断引进先进的企业文化和服务理念，要不断提高服务水平。生活文化作为高校对社会环境的缩影和延伸，不可或缺地将成为高校校园文化和德育教育的重要组成部分；而当代大学生作为高校后勤的主要服务对象，他们成长环境的不同以及他们对于优质服务的需求，也更使得高校校园文化中的生活文化不容忽视，同时也不可将其片面地割裂开来讨论。在此，我们设置的以生活文化建设为平台的德育教育模式，就是要坚持以人为本，以大学生的现实生活为出发点和落脚点，关注大学生思想政治教育和德行养成的德育教育隐性路径的新模式。

当前国内部分高校的校园文化活动也已涉及生活文化的层面，许多同人也已将德育教育的目光从传统的课堂和党团学活动，逐步深入到了宿舍中，不少高校还开展了辅导员定期入宿舍等相关活动。

借鉴国内一些高校的先进经验和做法，我们提出了以生活文化建设开辟德育教育的新模式。其克服了忽视学生现实生活的滞后型、低效型、封闭型的局限性，强调将大学生作为生活主体在德育教育中的主体参与性，同时也使服务者和大学生之间无论在自身成长还是校园建设上都构成双向激励作用。同时其还拓展了服务育人的内涵，强调高校后勤服务育人功能必须体现在实际工作中，突出后勤服务对育人的潜移默化功能，并坚持以文明的言行影响人，以文明的服务塑造人，以先进的文化理念感染人。

## 三、生活文化建设在创新后勤服务育人方面的实践应用——以北京中医药大学为例

将原有与生活文化相关的优秀党团学活动与后勤服务项目整合，形成以后勤为主，多部门联动的"生活文化节"品牌活动的相关运行机制。

我们将原有的宿舍文化、教室评比和美食节等单项活动的目标和资源进行整合，并以后勤处为主导，举办了笔者所在学校"享受校园时光，弘扬生活文化"第一届生活文化节。这使生活文化建设不单纯从活动本身着眼，而是从育人的实效和学校的整体发展着眼，着力点是通过后勤与党团学联动育人机制的建立，更有效地、全方位地、人性化地创建高校思想政治教育隐形育人和服务育人的路径，其目的是使学生成为德育教育的主人，让大学生德育工作更加贴近生活实际。同时，我们通过学生亲自体验自身参与生活文化节前后的成长和变化，让学生从喜闻乐见的生活环境中潜移默化地感知和接受德育教育，并通过双向反馈机制，形成多部门联动的品牌活动、联合育人的良好机制。

将生活文化节中的第二课堂实践活动与后勤为学生服务的内容整合，实现德育教育与后勤服务共建，后勤服务员工与大学生共同成长和提升，形成双向激励作用机制。

我们进行的生活文化建设融合了校园文化的多方面，不仅强调了德育教育与生活环境的相关性，突出了养成教育作为德育教育的特点，更注重将校园生活和社会现实生活紧密联系，将学生德育教育与后勤服务工作、将学生和服务者，以及将学生活动与其生活环境的建设密切结合起来，使学生能够参与到后勤服务中来，深入了解后勤服务管理和学校建设的过程，并进一步将学生真实合理的需求以及合理的意见和建议体现在校园后勤服务管理和建设中。此外，生活文化建设还作为后勤员工培训和再教育的良好平台，促使后勤员工通过与学生共建，不断提高自身素质和服务质量，以进一步达到服务育人的目的。同时，后勤服务质量的提升又再反作用于学生的成长，构成服务者和大学生的双向激励机制，从而使后勤服务能真正从大学生的生活需要与社会需要的角度出发，最终使学校后勤的发展、后勤员工素质的提高和大学生的成长三者之间达到动态的良性循环。

生活文化建设与后勤服务育人的相互影响。

笔者所在学校首届生活文化节的设计，是校园生活文化节整体项目和不同模块的单元项目活动的优化组合，通过寝室文化节、饮食文化节、教室文化节富有丰富内容的子项目为载体，选取了食堂—教室—宿舍三个同学们最熟悉的生活环节开展系列活动，既结合了笔者所在学校专业特点和校园文化的特色，又将不同层面的生活文化优化组合以达到协同作用，从而形成良好的生活育人德育环境，并创建和谐的富有本校特色的校园生活文化氛围。

在饮食文化节中，我们开展了"'谁不说咱们家乡好'各地饮食文化及现场菜肴制作大赛""食堂满意度问卷调查及同学们最喜爱的菜肴评选活动""中医饮食养生系列讲座"等相关系列活动，并设立了食堂常效双向反馈机制。通过员工与学生共建活动有效地搭建了师生沟通和交流的平台，一方面使学生主动地参与到食堂的优化和管理工作中，同时也使后勤员工能及时接受学生反馈评价以不断提升服务质量。

在教室文化节中，我们开展了"教室和公共区环境设计布置大赛""节约环保金点子大赛""五行原理在环境养生中的作用系列讲座"、发起"吾爱吾师"尊师重教行动倡议及系列活动等。

在系列活动中，学生通过参与教室的维护与管理，并以教室为主题开展相关活动，营造出了课堂内外的"教室"育人环境，这样可以加强学生的班级文化、教室文化建设，同时又全方位地调动了学生的积极性，使其自觉地参与教室建设，积极主动地在教室中开辟专业学习的宣传阵地，并主动为教室建设献计献策。

在寝室文化节中除开展原有品牌活动寝室环境卫生评比、手工艺作品、宿舍文化建设大赛、宿舍征文大赛以及师生交流会外，还制作发放《宿舍成长手册》，引导每一名学生关注宿舍文化建设和自身成长的关系，增强学生自我激励、自我约束，引导学生结合专业特色、发挥专业优势重点开展宿舍文化内涵建设。同时，我们还建立起以宿舍长为核心的宿舍环境和宿舍文化建设的学生自我管理队伍，并设立起宿管与学生定期反馈自查、检查情况的机制。

在我校生活文化节已开展的各项活动中学生主动参与度较高，仅饮食文化节活动，学生自觉参与超过了 1000 人，加上 1000 份调查问卷的普及参与，学生主动参与本项活动超过 2000 人。与以往的活动相比，规模、学生参与度、互动性以及受益面都是空前的。

通过生活文化节，在党团学等多部门的联动作用下，我校后勤部门直接引导并组织德育教育活动，通过学生和后勤员工的共同参与活动和互动，既让学生受到了教育，又增进了服务者与被服务者双方的友谊，同时新模式也改进了后勤服务育人的新机制，改善了后勤服务环境，特别是人文环境。学生和后勤服务者在共同成长，服务育人效果更加突显。

## 四、生活文化建设应用于后勤服务育人的体会与建议

校领导的重视和支持，指引生活文化建设的方向。

以后勤为主导而倡导的生活文化建设，需要学校各方面的支持与理解、配合，特别是校领导的指导和支持。在我校生活文化节的实施过程中，校领导不仅指导并参与了活动的策划，甚至直接参与到生活文化节活动中，分管学生工作的校党委副书记、分管宣传工作的校党委副书记和分管后勤的副校长分别担任了生活文化节中三个子文化节的形象代言人，并从不同角度对学生和后勤员工提出寄语和希望，榜样式地引领了我校生活文化的理念和方向。校领导的身先垂范全面带领和调动了学校其他部门的积极参与、支持与配合。

生活文化建设中后勤部门与党团学等部门的联动，缺一不可。

后勤服务在广大师生校园生活的一线，服务于学校重要的德育教育和生活文化的阵地中。尽管如此，学生活动本身并非后勤工作的强项，因此，以后勤为基础，将服务育人工作中的各项活动与党团学部门的联动合作是生活文化建设成功开展，以及全员育人工作理念得以实施的不可或缺的重要途径。

后勤还需进一步加强自身建设，以不断促进生活文化的建设。

服务育人是后勤一贯追求的目标，但高校因后勤队伍建设情况不同及员工素质差异等因素，自身具有一定局限性。通过生活文化建设能主动实现后勤服务育人功能，促进后勤部门开展自身建设，同时后勤也迫切需要主动地进一步创新性的开展工作，同时不断提高自身素质，以实现与生活文化建设的共同发展。

生活文化建设创新服务育人内涵，应纳入学校整体规划，并建立长效机制。

生活文化建设核心内容在于不同生活文化模块统一整合后的协同作用产生的德育育人的环境。我们通过生活文化节在学校德育工作中取得了一定的效果，在校园文化中搭建了以生活德育为主的活动平台，然而如何将其长期贯彻于后勤服务育人工作理念的实践中，是我们遇到的关键问题。为此，我们建议将生活文化建设项目，及其实现后勤服务育人的新功能的机制和模式逐步纳入学校政策并形成规划和长效机制。

# 第三章 大学生德育教育的创新研究

## 第一节 虚拟生存与大学生德育教育话语

德育教育话语作为一种实践性言语活动，是教育主体间通过言语互动对德育教育内容进行描述、传递、评价、建构的符号系统，是对大学生进行德育教育的重要载体。虚拟生存的出现和发展，为德育教育话语的实践创新提供了难得的机遇，但同时也给德育教育话语带来了严重的冲击和挑战。在虚拟生存视域下，传统德育教育话语弱化、话语失效等现象严重影响了大学生德育教育的实效性，德育教育话语创新已成为时代发展的必然要求。进行德育教育话语创新，必须更新话语理念、丰富话语内容、拓展话语传播途径、转变话语方式、提升主体话语能力，不断提高德育教育话语的传播力和影响力，构建适合德育教育发展的话语模式，提升德育教育话语的整体功效，最终实现德育教育的价值旨归。

2014年5月4日，习近平总书记和北京大学师生座谈时指出："青年学生要修德，加强道德修养，注重道德实践。道德之于个人、之于社会，都具有基础性意义，做人做事第一位的是崇德修身。"2016年12月，习近平总书记在全国高校思想政治工作会议上特别强调，要坚持把立德树人作为中心环节，把思想政治工作贯穿教育教学全过程，实现全程育人、全方位育人，努力开创我国高等教育事业发展新局面。习近平总书记的论断为大学生德育教育赋予新的时代内涵，为高校人才培养工作提出明确的目标。

新时期，随着互联网技术的迅速发展和日臻完善，"人类的生存方式正在发生重大的变革，这种变革以虚拟生存的崛起为重要标志。虚拟生存正在以空前的力度和速度改变着人们的思维方式、交往方式、认知方式和日常生活，并日益成为人们的一种新的生存形态"。这种数字化生存以其即时性、交互性、共享性和隐匿性等特点，成为大学生获取知识、实现人际交往和表达个人意愿的重要方式。

虚拟生存的出现和发展，突破了传统德育教育所受时间和空间的限制，丰富了德育教育话语内涵，拓宽了德育教育话语空间，但也使德育教育话语面临弱化、失效，甚至解构的威胁。面对虚拟生存给德育教育带来的双重境遇，大学生德育教育需要在把握多元化沟通交流需求的基础上，适时地做出转型、创新，形成推动德育教育工作改革创新的合力，适应德育教育主体间性的发展进程，逐步实现德育教育话语自觉，构建适合人才培养的德育教育话语模式。

## 一、德育教育话语内涵阐释

要诠释德育教育话语的基本内涵，有必要厘清话语等有关概念。话语是一种极为复杂的符号系统，从词源学考察，汉语语境中的话语有"说话、讲演和论述"之意。在现代英语中，话语对应的词为 discourse。据曼弗雷德·弗兰克（Manfred Frank）考证："'discourse'源自拉丁语 discursus，而 discursus 反过来又源自动词 discurrere，意思是'夸夸其谈'。"在英语语境中，discourse（话语）"可以作名词或动词用。作为名词用时，主要指交谈、辩论、正式讨论、语段、谈话等；作为动词用时，主要是指讲述、著述、交谈"。从话语的最初含义可以看出，话语是语言应用功能的具体体现，它源于语言实践，是在人们的交往过程中所呈现出来的具体言语行为。诺曼·费尔克拉夫（Norman Fairclough）认为，话语是对主题或者目标的谈论方式，包括口语、文字以及其他的表述方式。而米歇尔·福柯（Michel Foucault）认为，"话语是一种更为宏大的历史进程中的语言实践"，由此可以看出，语言实践是话语的本质体现。作为一种具有具体指向的言语行为，话语广泛存在和运用于人类交往实践的各个领域，它对反映与构建社会关系、确立人的主体性地位都具有重要作用。

话语作为一种普遍的实践性言语符号，在不同的领域具有不同的内涵，形成具有学科特色的话语体系。从某种意义上讲，德育教育就是德育教育话语的表达过程。所谓德育教育话语，是指在德育教育实践中，教育者与受教育者通过言语互动而进行的用以交往、宣传、灌输、说服，以及描述、解释、评价、建构教育内容和主体间思想观念、价值取向和行为表征的言语符号系统。德育教育话语的内容要通过一定的话语形式来实现，话语形式包括实践话语和文本话语。实践话语是教育主体在不同话语语境中所描述和传递的言语表达。文本话语是实践话语元素的积淀，是对实践话语的抽象描述。德育教育过程中的实践话语和文本话语两种话语形式的有机结合，构成德育教育话语体系。

德育教育话语是一个动态的发展过程。从发生学的角度看，德育教育话语是在德育教育实践过程中形成的，经过一定的积淀之后逐渐形成德育教育话语意识。从某种意义上讲，德育教育话语意识的出现是德育教育话语真正形成的标志。德育教育内容的传播就是依赖教育者与受教育者之间的话语沟通而实现的。因此，德育教育话语的一个重要使命就是正确地描述德育教育内容，实现教育者与受教育者之间话语的有效沟通，促进德育教育话语的良性、健康发展。

## 二、虚拟生存视域下大学生德育教育话语的现实境遇

### （一）全球性多元话语泛化削弱传统德育教育话语的影响力

全球化作为当代国际交往的一种方式，它改变了传统社会封闭、内生的文化发展空间，在多样化的文化差异中促进各种文化自我反省与更新，使各民族的文明成果在相互交往中

成为人类共有财富，形成以世界整体意识为基本特征的全球性话语体系。在"文化全球化"（culture globalization）话语场域中，由于"德育教育话语与全球性话语在理论层面上具有某些相通性，德育教育话语可以广泛地汲取世界各民族文化话语资源"，不断拓展和充实自己的话语内涵，为德育教育的创新发展提供了有益的借鉴。但正如任何事物都具有两面性一样，全球性多元话语的生成和发展在为德育教育话语拓展新空间的同时，也将其置于复杂多变的多元社会话语环境中。一方面，德育教育话语作为一种区域性话语系统，相对于全球性话语而言是弱势话语，处于弱势地位，必然遭到全球性话语的渗透、解构，造成德育教育话语边界模糊，加剧了与异质文化话语的碰撞、对抗，使传统德育教育话语面临同化或解构的威胁。另一方面，囿于"传统德育教育话语的解释容量难以适应现代社会多样性思潮的话语表达，难以适应大学生日益加强的个性价值诉求和人的全面发展的内心需求"，传统德育教育话语陷入低效，甚至失效的境地。在宽松、开放、多元的全球性话语环境中，德育教育面临前所未有的话语困境。正如 L.斯维德勒所说："我们可以越来越清晰地看到，当代各种文化和教育的所有层面上所面临的最大挑战是如何创造性地对付多元的世界观和视角彼此相碰撞而产生的强大的影响。"

### （二）网络话语的飞速发展降低传统德育教育话语的吸引力

科技的进步和网络技术的发展使知识与信息的传播与持有发生革命性变革，由过去传统的单向性一维传播为时下立体的多维网状传播所取代。"作为一种新兴的传媒方式，网络所代表的虚拟世界，大大拓展了教育的生活领域"，拓宽了人们的交往视野并给人们带来全新的话语空间，重新定位人们在话语场域中的位置关系，促使话语双方主体间性关系的形成，从而不断拓展高校德育教育话语的广度和深度。但是，"网络平台的自由平等与双向互动，打破了传统的话语传播壁垒，互联网成为教育者和被教育者平等对话的工具，这种无屏障和去中心化的传播方式，在很大程度上解构了传统的话语交往模式"，改变了话语内容的传播路径，突破了教育者原有知识结构所限定的范围，使传统的德育教育话语解释力匮乏或不足，从而逐渐失去原有的吸引力。另外，网络话语的飞速发展部分地消解了德育教育话语主体的关系结构，教育者作为主导意识形态话语内容"把关者"身份的式微，使传统德育教育话语内容的真实性、有效性难以得到保证，客观上消解了教育者所营建的话语语境，传统德育教育话语功能弱化，甚至失效，德育教育话语发展面临的风险增加。

### （三）主流意识形态淡化减弱传统德育教育话语的辐射力

德育教育话语具有非常强的意识形态性，有着明确的价值导向。中国特色社会主义建设的伟大实践形成由道路、理论、制度和文化构成四位一体的理论基础，奠定了中国特色社会主义道路自信、理论自信、制度自信和文化自信的理论基石。以四个"自信"为核心的主流意识形态话语为大学生德育教育内容注入新的内涵。在全球化交往环境中，传统德育教育中的马克思主义意识形态性话语同西方社会所主导的"西化"话语接触、交流、渗透、碰撞，各种话语之间的角力进一步加剧了德育教育话语冲突。特别是在社会转型背景下，教育主体价值观念的多样性是导致德育教育话语面临挑战的最主要因素，教育主体间的思想观念、价值取向、生活方式等方面发生巨大的变化，尤其是随着文化全球化进程的不断深入，在"自由民主""政治民主""普世价值""文化中立"等旗号下，一系列淡化主流意识形态的现象，诸如新自由主义、民主社会主义、历史虚无主义、后现代主义、非理性主义等社会思潮的话语正迅速泛滥、蔓延。在与各种社会文化思想潮流话语的碰撞、对决中，传统德育教育话语权逐渐遭到不同程度的消解或压制，加之传统德育教育话语的滞后和解释力不足，使我国德育教育的"主流话语"在抗衡西方"自由话语"的过程中陷入被动，造成德育教育的方向性变得愈加模糊，德育教育话语所承载的价值存在的合理性受到冲击，德育教育话语在高校德育教育实践中的价值功能无法实现，从而影响了德育教育话语功能的发挥。

## 三、虚拟生存视域下大学生德育教育话语创新的建构路径

### （一）更新话语理念，建构德育教育的新范式

理念创新是德育教育话语创新的灵魂。在教育实践中，话语理念是由话语主体关系、话语内容、话语方式等来体现和落实的。在传统德育教育中，话语主体间的关系是一种话语持有者与接受者的恒定状态；话语内容是由预设性话语和权威性话语所组成的。在新媒体创设的话语环境中，要实现德育教育话语的良性发展，应以发展的视角重新审视和理解话语主体和话语内容，更新话语理念。一是树立平等对话理念。要坚持以人为本，转变传统的单向灌输的话语理念，将传统高度概括的控制式话语、劝导式话语转变为贴近大学生实际的平等式话语、对话式话语，消除话语霸权，促使受教育者话语权的回归，确保教育者与受教育者享有平等的话语权，进而创新教育者与受教育者之间的平等对话机制、相互尊重机制，以及教育者的话语引领机制等。二是树立话语和谐共生理念。和谐共生是德育教育话语发展的价值指向。德育教育话语和谐共生是德育教育话语和谐发展与良性共生的有机结合。构建和谐发展的话语观，需要调整话语主体间的关系，丰富话语内容，转变话语方式，尽可能形成科学的话语合力；构建良性共生的话语观，就是话语间性、话语内容、话语语境、交往方式之间相互协调、相互促进，并耦合在一个话语整体中。通过话语和谐发展与良性共生的互补，最终实现和谐共生的德育教育话语新范式。

### （二）丰富话语内容，重塑德育教育的新体系

内容创新是德育教育话语创新的基础。德育教育作为一项具有明确价值取向的社会实践活动，应注重话语内容与教育主题、教育环境以及教育主体认知能力的有机结合，体现德育教育话语的实际效果，强调德育教育话语内容的应用性和社会适应性，反映德育教育话语在受教育者思想引导中的实践特色。在虚拟生存视域下，实现德育教育话语内容的创新，需要在继承和扬弃传统德育教育话语内容的基础上不断优化整合，并结合当前的社会

发展环境和大学生的实际需求，积极借鉴网络话语、传统文化话语等话语资源，不断丰富德育教育话语内容。具体而言，首先，要推进传统德育教育话语内容的现代性转换与革新。通过对传统德育教育话语内容重新梳理、整合和提炼，挖掘传统德育教育话语精华，不断延长传统德育教育话语的解释链条，拓展其内涵和外延，并赋予其鲜明的时代特色，推动传统德育教育话语转向，实现德育教育话语的再生产。其次，要善于从中国特色社会主义的伟大实践，以及大学生的现实世界和虚拟世界中汲取新话语资源，"要大胆借鉴网络话语中的一些健康、有益、良性的话语，借鉴一些符合大学生群体的话语内容和话语形式"，从中找到它们之间的契合点，并将这些话语资源吸收到德育教育中，从而丰富和发展德育教育话语资源库。最后，还应吸纳中国传统文化的话语精髓，以及其他人文社会学科与现代科学发展的最新话语成果，并批判性地继承，使其为我所用，提升德育教育话语的文化内涵，扩大德育教育话语的内容含量并建构新的话语体系。

## （三）拓展话语传播途径，开辟德育教育的新平台

话语的传播和应用，是德育教育话语体系的一个重要组成部分。"传播信息越多，趋同程度越高，而传播越少，趋异程度越高。"通过形式多样的传播载体加强对德育教育内容的传播，是促进大学生对德育教育理解与认同的重要方式。在互联网时代，德育教育内容的传播和普及，需要积极开发和利用有效的传播载体，来提高德育教育的吸引力、影响力和渗透力。从实践经验来看，推动德育教育话语传播需要做到：一是构建科学的话语传播渠道。在大众传媒时代，德育教育话语内容在主体间的传播需要借助一定的载体和平台，它既可以借助传统的言传身教、报纸杂志、广播电视等媒介，也可以借助 QQ 群、博客等网络社区，以及新兴的微博、微信等新媒体平台，以此促进德育教育内容的传播与广泛接纳，拓宽高校德育教育话语的辐射空间，建立结构有序、覆盖全面的德育教育传播网络，提高话语传播的广度和效度，走出话语传播的困境。二是建立有效的话语反馈机制。德育教育话语的反馈机制调节各个环节的发展与演进过程。话语传播者可以从受教育者的反馈中，了解其对德育教育内容的接受程度，了解受教育者的话语兴趣点和需求点，检验创新后的德育教育话语传出的知识信息效度，为德育教育话语创新提供依据，提升德育教育话语的整体功效，切实推进德育教育话语创新和发展。

## （四）转变话语方式，探索德育教育的新模式

方法创新既是促进德育教育话语创新的重要途径，也是衡量德育教育话语创新发展水平的一个重要尺度。科学合理的话语内容只有使用喜闻乐见的话语方式表达出来，才能提升话语内容的趣味性和有效性。在当前的教育环境中，德育教育话语方式的创新，可以在坚持德育教育核心话语的基础上，通过话语建构方式的优化和话语表达方式的更新来实现。具体地讲，一是优化话语的建构方式。德育教育的良性发展需要消除话语霸权，促使教育者与受教育者享有平等的话语权，实现教育主客体间的平等交流；应重视教育主体间的话语差异，不断创新话语的表达方式，实现教育者与受教育者的有效沟通；还要推进德育教

育话语与其他学科话语之间，以及德育教育话语中的历时话语与即时话语的共生发展。二是更新话语的表达方式。多元的话语表达方式是提升话语吸引力的重要方法。教育者应充分重视新媒体这一信息传播的媒介，摒弃传统的从概念、定义等纯理论解读的方法，以及传统的控制式、劝导式等话语方式，采用交互式、参与体验式、辩论式、对话式等多元话语表达方式。当前，最具实效性的话语表达方式是对话式，这种话语方式"表征着教育者与受教育者之间是一种民主交往关系，双方拥有平等的话语权，教育者与受教育者可以采取自愿、自由的方式展开对话，并且这种对话不是封闭式而是开放式的，双方都能敞开各自心扉进行真诚交流，相互之间更易达成真正的理解与共识"，最终实现教育者与受教育者"共情境"的和谐共生状态。

### （五）提升主体话语能力，构建德育教育的新机制

一是培养教育主体的话语创新思维。在德育教育过程中，教育主体应善于通过思维活动不断察觉和把握话语创新的问题，发现德育教育话语体系的实有状态与应有状态之间的差距，实现有效的创新，并最终达到德育教育话语的目标状态。教育主体还应拓展自己的思维模式，推动创新和参与、接受创新的客体相互配合，打破教育者与受教育者之间信息不对称的状态，完成教育主体创新思维由单向思维向双向思维、一维思维向多维思维的转变，更好地实现全面的创新。二是培育教育主体的话语能力。当前，德育教育发展的阶段性特征和"立德树人"的现实需要，亟待提升教育主体的话语能力和话语实效。教育主体要进一步落实"育人为本，德育为先"的理念，不断学习与德育教育相关的理论知识，遵循德育教育工作规律，教书育人规律，以及学生的成长规律，不断提升德育教育教学的科学化水平；还要适应全新的网络教育环境，掌握基本的网络知识和操作技能，熟练地运用网络话语这一新的传播媒介，提升德育教育话语的感染力，实现师生间的有效沟通，消除话语鸿沟，切实提升现代德育教育话语的实效性。

# 第二节　体育精神与大学生德育教育

体育精神是所有运动健儿的信仰，它不仅代表着当今时代体育发展的整体风貌，还代表着公正公开的竞争规则，顽强拼搏、永不放弃的竞争态度，是所有体育事业人员共同的努力方向。对大学生来说，体育精神也是德育教育中重要的组成部分，它能够树立规则意识，培养大学生不轻言放弃、勇往直前的意志品质。为此，本节采用文献资料法等研究方法，以体育精神的内涵为切入点，对体育精神对大学生德育教育的培养展开研究，以期通过体育精神来提高当前大学生的思想道德水平。

高效率的高校体育教学会给大学生未来的发展带来很多好处，大学生进行适当的体育锻炼不仅能提高自己的身体素质，还能缓解紧张的学习压力，所以越来越多的高校开始重

视高校体育的授课效果。体育精神是体育活动的体现，同时也是大学生德育教育过程中的重要组成部分。因此，在高校体育教学中，教师应把体育精神教育与德育教育联系起来，这样才能在提高大学生身体素质的同时能培养他们的道德素质。

## 一、体育精神内涵的概述

体育精神是人们在体育运动发展过程中逐渐形成的一种文化意识，它能够体现体育运动中蕴含的精神和文化，表现运动员的精神风貌，展现体育人的无穷智慧和努力，从某种程度上来说，体育精神可以激发运动健儿的竞技状态和竞技水平，有了体育精神的出现，体育运动被提升了一定的境界。

体育精神有利于增进世界各国人民的团结，是运动员的最高信仰，正是因为体育精神的存在，各国运动员才能够公平公正地进行各种体育竞技比赛和体育运动，即使赢得了比赛也不骄傲，没有赢得比赛也不气馁，而勇于拼搏、不轻言放弃正是体育精神的体现。

体育精神并不单单作为一种理论供大学生学习，它要通过不同的体育运动展示出来，让运动员和观众都能体会到体育精神的存在，通过比赛来展现公平公正、勇于拼搏的体育精神，不仅激励着运动健儿为国争光，还能够鼓励所有中国人民为中国梦和自己的梦想而努力奋斗。

## 二、体育精神对道德层面的体现

### （一）体育健儿为国争光体现爱国主义

在体育运动的发展过程中，涌现了无数为国争光的体育健儿，他们为国家带来了无数的荣誉，使中国逐渐成为一个被世人所认识的体育强国。他们每天重复着枯燥的训练，过着宿舍和训练馆两点一线的生活，很少有休息和陪伴家人的时间，为的只是不断提升自己的专业技能和竞技水平，使自己保持最适合参加比赛的竞技状态，即使身体满是伤病也依然坚持，在世界级的各大比赛中取得不俗的成绩，为国家争光，这种体育精神的展现正是受到了爱国主义的鼓舞。

### （二）勇于拼搏体现为了梦想不懈奋斗

体育运动能够磨炼人的意志品质，体现出人们为了胜利勇于拼搏的精神，在体育竞技比赛中，运动员为了自己所属的团体努力拼搏，争取为自己的一方取得更好的成绩，这样的体育竞技比赛能够培养大学生的拼搏精神和对胜利的渴望，这种可贵的精神正是大学生在追求梦想的道路上所必须具备的，能够不断激励他们为梦想不断前进，努力学习，所以体育精神中包括的勇于拼搏精神激励着大学生为追求自己的梦想而奋斗。

### （三）尊重规则体现了公平意识

为了使体育竞技活动更加公平，国际运动委员会为各项体育运动制定了相应的规则，规则的存在能够使体育运动更加有秩序，为最后的胜负提供一定的依据，当然规则的存在不单单是为了分出胜负，它能够使整个体育运动的过程更加平等，运动员们能够站在同一平台比赛。对大学生来说，学习尊重体育运动的规则能够培养他们的公平意识，加深对公平状态的理解，意识到规则的作用，以便更加顺利地对大学生建立公平意识。

### （四）团体协作是集体主义的重要体现

体育运动中包含许多团体运动，如篮球、排球等球类运动。这些运动都属于团体运动，需要各个队员之间相互配合，每名队员都需要发挥各自的长处，与队友互相沟通，在运动中不能只想着展示自己，要懂得与队友配合，一个人的成功并不是成功，只有队员之间相互合作，最后队伍取得成功才算真正的成功。这样的体育运动能够锻炼学生的团队合作能力，让学生明白配合的重要性，有利于对学生进行集体主义精神的培养。

### （五）永不放弃体现了坚忍的意志品质

坚持体育运动能够不断提升自己的身体素质，同样有些体育运动对身体素质的要求比较高，如游泳、长跑等是对体力和心肺功能都有一定要求的有氧运动，这些对体力要求较高的运动需要我们学会坚持，一般来说，长跑的最后几百米都是靠意志力拼下来的，当体力被耗尽之后，意志力能够支撑我们完成剩下的运动量，意志坚定的人往往可以坚持直至整个运动结束，而意志力薄弱的人可能会选择半途放弃。体育精神提倡永不放弃，这种精神是坚持不懈的体现，能够培养人的意志品质。

## 三、以体育精神对大学生进行德育教育的途径

### （一）集体观看较为重大的体育赛事

对当代大学生来说，进行德育教育是非常重要的，德育教育主要包括爱国主义情感、集体主义和意志品质的磨炼，教师不仅应注重体育活动的实践，还应通过其他方式进行体育精神的传递，进而做好德育教育。教师应组织大学生观看奥运会等重大赛事，通过观看运动健儿在赛场上的飒爽英姿，来体会体育运动的魅力，并从比赛中感受运动健儿的爱国主义情感，从而激发其对国家的热爱，通过观看运动健儿为国家拼搏的过程，激励自己不断拼搏努力，为梦想不断奋斗。

### （二）适当开展多人参与的体育活动

为了进一步发扬和传递体育精神，教师应针对学生的课堂状态创新教学内容和教学方式，可以适当开展多人体育活动，如组织班级排球友谊赛、拔河比赛、两人三足跑等需要多人配合的体育活动，不仅能够让学生充分享受体育课堂的时间，还能够让学生意识到队友之间互相配合的重要性，让学生在体育活动中培养自己的集体意识，在今后的学习和生活中学会以大局为重，增强大学生的集体荣誉感，让学生学会为班级荣誉着想。

### （三）借助体育活动培养规则意识

随着教育改革的不断推进，在体育教育的过程中对大学生进行德育教育的做法被越来越多的教育者提倡，体育活动不仅能够放松学生紧张的学习情绪，还能让学生学习体育精神，在体育精神中悟出做人的道理。任何一项体育运动都是讲究规则的，没有规矩不成方圆，在平时的学习和生活中，大学生要时刻树立规则意识，尊重规则，而进行体育活动恰好能培养大学生的规则意识，减少早退、迟到及无视课堂纪律等不尊重规则的课堂情况出现。

### （四）适当开展与体育运动有关的竞赛

体育分为两种，分别是竞技体育和全民体育。一般来说，竞技体育属于为国争光的运动健儿的专有名词，通过紧张刺激的比赛形式决定排名；而高校体育课大多普及全民体育的运动形式，倡导学生在体育课堂上锻炼身体，虽然这种教学方式对学生的身体素质提升是十分有利的，但不适合融入德育教育，教师应适当改变教学方式，在一定程度上加入竞技体育的运动方式，适时开展体育竞赛，培养学生之间良性的竞争关系，以便于大学生能够更好地朝着目标努力。

### （五）面向高校学生推广体育文化

现阶段，各大高校对体育文化的推广强度还不够，许多学生无法切身体会体育精神的内涵。在德育教育过程中，光凭理论知识的讲解是远远不够的，还需要在实践活动中让学生真正体会到提高自己思想素质的重要性，体育活动作为德育教育的载体，能够让学生切身体会品质培养的过程，意识到德育教育的重要性，所以，各高校应大力宣传推广体育文化，让体育文化影响每一名大学生，以此促进德育教育的发展。

体育精神是引导大学生参与体育运动的主要动力，在高校体育教学中通过体育精神的培养，将更有利于培养大学生良好的思政品质及更加全面地发展自己。因此，在高校体育教学中，教师在授课过程中要让学生认识到，体育精神是德育教育中不可缺少的部分，并借助各种体育活动来向学生传授体育精神，让学生能认识到体育精神教育的重要性，深刻理解并努力发扬体育精神，在大学里树立规则意识，遇到困难不轻言放弃，让学生在体育精神中不断体会人生的道理，将体育精神融入德育教育。

# 第三节　微信公众平台与大学生德育教育

在信息大爆炸时代，微信成为当代大学生最为重要的网络学习和社交工具。截至2016 年 3 月，微信用户人数达到 6.97 亿，其中 18~25 岁年龄阶段的用户比例达到 45.4%。而正处于 18~22 岁这一黄金时期的大学生，接受新兴事物能力强，且有着强烈的交友需求，无疑成为微信的主要用户群体之一。微信不仅扩大了大学生的社交范围，而且拓展了他们获取知识的渠道。微信公众平台是开发者或商家在微信公众平台上申请的应用账号，该账号与 QQ 账号互通，通过公众号，商家可在微信平台上实现和特定群体的文字、图片、语音、视频的全方位沟通、互动，形成一种主流的线上线下微信互动营销方式。自 2012 年推出以来，凭借其交流的及时性、推送内容的真实性、绑定服务的实用性、受众范围的广泛性等特点，受到大学生的青睐，同时也为大学生德育教育提供了拓展教育方式、传播道德价值的新载体，为高校思想政治教育搭建了与时俱进的平台。

# 一、微信公众平台在大学生德育教育中的作用

## （一）群众基础为高校德育教育开创新的教育平台

"90 后"大学生是大学校园的主体，他们敢于颠覆主流和传统，更加注重个性化，是新型技术的主要传播力量和应用者。微信公众平台因其操作的简便性、人际交流的高效性、内容推送的丰富性、消息推送的针对性等特点，符合青年学生的消费观念、生活方式和交流习惯，深受青年学生的追捧和热爱。高校德育教育工作者普遍接受过高等教育，善于接受新兴事物，这为微信公众平台在大学生德育教育中的应用提供了良好的群众基础。

高校微信公众平台是结合学校实际情况建立的，其发布的内容、信息与学生日常生活、学习、工作息息相关。目前，各高校微信公众平台发布的内容涉及校园新闻、场馆服务、学生活动、通知公告、心理健康、求职就业等内容，这些内容都是学生密切关注的，学生对这些内容具有强烈的需求性与依赖性。因此，微信公众平台成为学校与学生沟通强有力的桥梁与纽带，使之前学生对思想政治教育形式内容的抵触心理，得到最大限度地减少。

## （二）双向传播模式有效提升高校德育教育的针对性与效率性

在传统的高校德育教育模式下，往往是凭借一张嘴、一本书、一块黑板、一支粉笔来进行。对大学生来说，这样的教育模式只是单向的上对下的填鸭式教育，没有足够的吸引力和感染力。而具有图文并茂、内容活泼、寓教于乐的微信公众平台，为大学生德育教育提供了新型的教育方式与手段。

微信公众平台在大学生德育教育中突破了传统"学校—学院—辅导员—班干部—学生"的教育模式，高效地完成了学校至学生教育的直接传达。这种教育模式并非单一的上对下的关系，而是一种双向互动的传播教育模式。在推送内容的同时，学校可以在平台中对所接受的内容进行意见的表达，收到信息反馈之后，亦可以根据实际内容有目的性的发送相应信息作为补充，以达到更好的德育教育效果。教育传达时间的大幅度缩短，使得德育教育的目的性、准确性随之提升，有效避免了中间环节带来的迟滞性并减少传递误差。

## （三）为传统德育教育增添了新的教育内容、方法和手段

以微信为主的自媒体平台冲破了传统的德育教育在空间、时间上的限制，通过文字、图片、视频等技术手段，为德育教育提供了一个更加开放、自由和参与程度更高的互动平

台，丰富了德育教育的载体，拓展了大学生获取信息的渠道，易引起大学生内心层面的认同。高校创建的官方微信公众平台，打造了一个虚拟的网络环境，使得教育者在隐匿其身份的情况下，摆脱了与学生面对面沟通的紧张之感，拉近了教育者和被教育者之间的距离。

在高校微信公众平台的教育下，学生可以轻易地表达自己的看法，容易引起学生心理层面和态度层面的积极转变，教育者也可以随时随地的开展德育工作。但值得注意的是虚拟的微信公众平台教育方法，并不能代替传统的实际的德育教育方式。因为虚拟的网络世界，并不能完全表达对方的全部感情，会让人感受到一丝冷漠。这就需要辩证地看待现实中的德育方式同虚拟的德育方式，应将二者有机结合，重视微信公众平台在高校德育教育中的应用，但传统的教育方式也不能摒弃。

## 二、微信公众平台在大学生德育教育中应用的原则

微信公众平台为大学生德育教育提供了良好的平台，其完善的功能、鲜明的特点为德育教育奠定了良好的基础，但微信公众平台在大学生德育教育中应用时应注重以下几个原则：

### （一）注重双向性原则

微信公众平台最大的特点就是双向性，即学生—学校之间的双向性。高校建立微信公众平台之后，其推送的内容不能放任不管，而应当注重学生的主动关注及其反馈。同时学生可以自由选择所关注的内容，只有被学生接受并认同的内容，才是高校微信平台存在的基础。因此，学生关注与希望学生关注如何达到统一，认同与被认同才是根本。

### （二）注重服务性原则

高校微信公众平台是大学生德育教育的重要载体之一，其另一个重要功能就是服务作用。学生工作是管理育人工作，更是一种服务育人工作。微信公众平台作为德育教育的载体、方式和手段，其本质是为学生服务的，在运用微信公众平台进行德育教育的同时，应始终坚持以学生为主，以学生的需求、困惑和心理状态等为主要关注内容，及时进行答疑解惑，坚持以学生为本的服务理念。

### （三）注重内容丰富性

创新教育方法是实现大学生德育教育目的的必然要求，在新时期，利用微信公众平台进行大学生德育教育，必须有的放矢，针对不同的问题应采取不同的方法。如果仅是将传统的教育方式拿来主义的照搬到高校微信公众平台，这不仅不能引起大学生的普遍认可，教育效果不明显，甚至有时还会引起反作用。

在实践中应将德育教育的内容普遍融入日常进行的微信互动环节，不断淡化教育者的角色，充分考虑受教育者的内心需求，这样才能摆脱传统的填鸭式教育模式，更好地实现德育教育目的。在微信公众平台德育教育中，要根据学生的性格特点，根据不同的事件特

点对应处理，使学生个体得到尊重，有利于受教育者发挥主动性和自我教育性，也有利于个性的塑造和发展。

## 三、微信公众平台在大学生德育教育中应用的认识和思考

### （一）注重互动性，促进师生之间情感交流

微信公众平台作为当今主流的互动交流媒介，在大学生德育教育中能够突破传统的以教师为教育主体、学生为被教育者的被动式教育方式，使教育者和被教育者真正在互动、平等的情况下进行沟通、交流。

微信公众平台提供的交往方式相对于课堂教学、班级例会、个别谈话等方式而言，显得更为轻松、和谐、愉快，教育者可以随时随地关注学生的心理活动状态，学生也可以根据平台所发布的内容，了解老师的最近动态，二者之间不再是对立的关系。在平台的互动留言中，教育者和被教育者在互动中了解彼此的观念、意见和感兴趣的话题。教育者可以根据留言内容及时给予一定的评论、肯定，使二者在交流和沟通的过程中建立起信任和合作，进而拉近距离，提升师生的情感互动。

### （二）注重心理辅导，改变德育教育方式

当前，微信已成为学生表达情感的重要平台，学生往往通过微信朋友圈将自己的思想以文字、视频、图片的形式进行表达。微信公众平台具有一定的虚拟性，教育者可以通过与学生互加关注，及时了解学生的最新状态，并将相关内容在微信公众平台上进行疏导。这样，有利于打开学生的心扉，进而缩小心理差距，将不能说的秘密、故事公开，去除学生心理的疙瘩，降低心理风险。

### （三）注重学生参与，广泛提升微信公众平台关注度

在高校微信公众平台运行过程中，学生运营参与必不可少。在此期间，可以将学生作为平台信息的采集者、编辑者、发布者，同时又可以将其作为信息的接收者。

学生运营者对学生群体近期关注的热点问题更为了解，在信息收集、整理过程中更接地气，能普遍提升阅读量。同时，通过"学生运营，服务学生"的原则，实现静默认同及身边感染，让学生成为教育者的一部分。通过微信公众平台开展大学生德育教育，就要充分发挥学生群体本身的力量，通过对少部分学生的教育实现引导大多数学生群体教育的目的，更好地实现学生自我教育、自我管理和自我服务的"三自教育"理念。

### （四）注重学习借鉴，充分吸取他人所长

对高校德育教育者而言，在繁忙的工作中抽出时间学习和考察校外德育教育经验的机会较少，因此在学习时间和提升方面存在一定的局限性。微信公众平台作为一种开放的教育模式，为高校德育教育者提供了学习的舞台。

高校德育教育者应根据自身微信公众平台德育教育的特点，添加其他兄弟单位甚至是

社会上德育教育做得好的公众号，随时随地了解他人所长及其先进的工作方式与方法，得到一定的提示与启发，以便进一步发挥高校微信公众平台德育教育的优势。

# 第四节　社会情绪与大学生德育教育

随着心理学和认知神经科学的发展，我们对影响社会生活和人们行为的社会情绪的认识也不断深入。通过分析几种主要的社会情绪研究，笔者总结出学校在对大学生进行德育教育时，重点需放在培养亲和性情绪、消除攻击性情绪两个方面。遵循社会情绪规律进行引导时具体应做到五点：激发自豪情感，避免盲目自大；培养感戴意识，积极回馈社会；区分羞耻内疚，鼓励知错能改；合理疏导愤怒，提高自身修养；克服忌妒情绪，杜绝幸灾乐祸。以上启示在操作层面上对培养学生健康正确的、与社会主流价值相适应的道德素养提供了建议。

党的十八大提出社会主义核心价值观，并从个人行为层面凝练了"爱国、敬业、诚信、友善"的价值准则，这既是公民基本道德规范，同时也为当代大学生道德品质教育提供了指导思想。如何在操作层面上落实这一指导思想，切实提高大学生的道德素养，可以从社会学、心理学、教育学等多角度进行实践总结和经验探讨。

"爱""敬""诚""善"传承于中华文化精髓，早在春秋时期，孟子便提出"四端"说，认为"恻隐之心""羞恶之心""恭敬之心""是非之心"是社会政治生活的基础。而在当代心理学研究中，"爱""敬""诚""善"包含于社会情绪这一概念之中，并在道德生活和社会生活中发挥着重要作用。社会情绪（social emotion）指在社会交互中产生并对人的社会行为或倾向产生影响的情绪反应。人的行为很多时候是非理性的，受需求、冲动、好恶等情绪因素的驱动。早在 20 世纪末，美国就开始开发专门的社会情绪学习（Social and Emotional Learning，SEL）课程并在全球推广，旨在发展技能、态度、价值观以获得社会情绪能力。随着心理学和认知神经科学的发展，我们对影响社会生活和人们行为的社会情绪的认识不断深入，已经积累了不少的研究，对已有结论进行梳理和总结，将有助于为大学生的德育教育工作提供崭新的视角和有效的建议。

Rudolph 等人在总结前人的基础上，归纳出在社会生活层面有重要意义的情绪大约有23 种：敬畏（awe）、蔑视（contempt）、感戴（gratitude）、厌恶（disgust）、同情（sympathy / compassion）、尴尬（embarrassment）、内疚（guilt）、自豪（pride）、羞耻（shame）等。研究者根据引起社会行动的性质不同进一步将社会情绪分为亲和性情绪和攻击性情绪。亲和性情绪，如内疚、感戴，能够有效促进个体的亲社会行为，有利于人际和谐和社会稳定；而攻击性情绪，如愤慨、忌妒，则增加个体的攻击性行为，对个体心理健康和社会长远发展有不利的影响。在对大学生进行德育教育时，从培养亲和性情绪、消除攻击性情绪两个方面同时着手，才能取得最好的效果。

## 一、社会情绪研究在培养亲和性情绪方面的启示

Rudolph 和 Tscharaktschiew 从功能的角度，进一步将社会情绪分为正性情绪和负性情绪。具体而言，正性情绪可以鼓励亲社会行为不断持续，如自豪、同情、感戴等；而负性情绪，如内疚、羞愧、厌恶等，则会抑制不恰当行为的产生，并改变或调整个体当前的不当行为。从某种角度上讲，无论正性情绪还是负性情绪对个体和社会都存在一定的积极意义，对促进社会文明和发展起着重要作用。由于产生机制和作用不同，笔者进一步对主要的几种进行分析，总结出在进行德育教育时应注意的事项。

### （一）激发自豪情感，避免盲目自大

自豪情绪通常被认为是正向积极的情绪，能激发对自身和社会群体的积极认知，并促使个体产生更多的有社会价值的亲社会的行为表现。然而，当前研究者普遍认同自豪具有两个维度，真正自豪特质的个体通常表现出合作性、宜人性、情绪稳定以及责任心等人格特征，极容易做出合作、助人等社会行为，更少做出负性道德行为。而自大自豪特质的个体更容易出现慢性焦虑、侵略、敌意和其他一系列反社会行为，如吸毒和轻微的犯罪行为等。

当个体将取得的成就归因于自身努力或能力时，会体验到自豪情绪，但也很容易走向自大的误区。在对大学生进行德育教育的过程中，要充分引导学生体验个体成就，形成积极自我评价，同时要提倡兢兢业业、脚踏实地，避免盲目自大。

### （二）培养感戴意识，积极回馈社会

感戴是指个体能够识别他人在其积极体验过程中所给予的恩惠或提供的帮助，并且能够带着感激之情对此做出反应的一种普遍化倾向。研究者提出三个决定感戴程度的因素：助人者的意图、助人者帮助他人需要承受的代价和受助者对帮助的需求程度。一个人如果以自我为中心，低估他人的好意和付出，视他人的恩惠为理所当然，感戴就无从谈起，甚至，当他人没有及时提供帮助或提供的帮助达不到预期水平时，不但没有感激还会心生怨恨。因此，德育教育要善于引导学生捕捉生活中的点滴、感受生活中渗透的关爱与恩惠。

不仅如此，还要积极引导青少年知恩于心、体恩于情、践恩于行、知恩图报，把感戴认知和感戴情感转化为感戴行动。例如，受到帮助要对别人的帮助真诚道谢，通过感谢信等文字表达谢意。同时，不仅对给予自己恩惠的个体以回报，还应培养社会情怀，鼓励大学生用参加义务献血、志愿者活动和环保卫士等公益活动等方式回馈社会、服务大众。

### （三）区分羞耻内疚，鼓励知错能改

羞耻和内疚是两种相似的负性社会情绪，涉及一定的负性自我评价并伴随着回避表现，但两者存在一定的区别。首先，从自律意义上讲，内疚比羞耻将对人的行为产生更持久而深远的影响。羞耻是比内疚更公开化的情感，是个体在公开的暴露和反对中产生的，而内

疚代表着良心受到冲击后产生的更私人化的体验。其次，从心理健康的角度来看，内疚的个体主要针对某种特定行为，后悔事情本身，而羞耻常伴随有个人无能、缺陷和失败感，后者对个体心理健康发展极其不利。最后，从归因的角度来看，羞耻之人通常认为自己受到了伤害，可能并不认为自己对事件负有责任，而内疚之人更多的是意识到自己伤害了他人，并应该对某件事情负有责任。

神经科学研究者考察了内疚相关的神经活动与补偿行为之间的关系，发现补偿行为可能是由内疚引发的。由此，我们在对大学生进行德育教育时，当学生做出诸如作弊、撒谎等不道德行为时应注意教育方法，避免公开羞辱学生，伤害学生自尊心，而应更多激发学生的内疚情绪，鼓励学生以实际行动弥补错误。

## 二、社会情绪研究在消除攻击性情绪方面的启示

### （一）合理疏导愤怒，提高自身修养

从心理学上讲，愤怒是个体的目的不能达成或者一再受阻，从而逐渐积累紧张而产生的情绪。愤怒情绪对于还在青春期的大学生来说比较常见，通常会对学生的身体健康以及人际和谐产生破坏性影响。高攻击行为者尤其是高冲动攻击行为者，大多存在情绪调节方面的缺陷，不能很好地疏导愤怒情绪，最终导致产生违反国家法律或道德规范的事情。

长远来看，愤怒情绪的调控依赖自身修养的加强和容忍程度的提高；短期而言，愤怒情绪的调控需要培养和掌握一定的认知行为技巧。因此，可以通过心理健康教育课程和团体辅导等方式，在大学生群体中普及认知重构、积极暂停、放松训练等技术，让学生通过不断地训练和实践来提高情绪自控能力。

### （二）克服忌妒情绪，杜绝幸灾乐祸

忌妒是因他人优于自己而产生的一种愤怒、焦虑、背叛和痛苦综合的情绪体验。在忌妒之下，还有一种更为内隐性的情绪，即当他人，尤其是忌妒对象遭受不幸时体验到的一种快感，即幸灾乐祸。忌妒和幸灾乐祸常常产生于个体将自己与他人进行社会比较的过程中，这可能使人丧失正确的判断能力，导致不当的伤人或伤己行为。

随着对此类社会情绪研究的深入，德育教育工作者逐渐开始重视对此类内隐性攻击情绪的引导。对忌妒类情绪进行疏导时，首要任务在于培养正确的自我意识。通过心理健康等课程以及课堂外学生活动让学生对自己的长处短板都充分了解，充分发挥自我优势，并不断提升自己的其他能力。另外，培养学生长远眼光，开阔眼界，豁达心胸，悦纳自己，同时不要急功近利，计较一时一刻的得失。

当前我国民众的社会情绪总体上是积极健康的，但随着改革的深化和经济的发展，价值观模糊、社会信仰缺失和社会压力等社会问题助长了大学生的攻击性的社会情绪。如何践行"爱国、敬业、诚信、友善"的社会主义核心价值观，培养亲和性情绪并消除攻击性情绪，需要社会、家庭和学校三位一体形成合力。对担负着引导学生形成正确社会情感，

树立正确社会价值观导向重要职责的大学教育而言，学校和教师应通过理论学习提升自身引导水准，遵循社会情感发生发展规律，积极把握学生各种不同的社会情感的特征，进行有意识、有针对性的引导，最终让学生形成健康正确的、与社会主流价值相适应的社会情感价值，成为真正德才兼备的、有利于社会进步的储备人才。

# 第五节　红色文化与大学生德育教育

红色文化是中国共产党领导中国各族人民在革命斗争和建设实践中所形成的伟大革命精神及其载体，是加强高校思想政治理论教育的优质文化资源。发扬红色文化的德育功能有利于探寻红色文化在大学生德育教育中的时代价值，探索新时期高校思想政治教育的新途径、新方法。

红色文化是我国革命时期产生的特有文化形态，近年来随着社会主义现代化建设事业的深入发展，特别是社会主义精神文明建设的迅速发展，红色文化的作用更加凸显，红色文化是高校开展思想政治工作的重要载体和有效途径。

## 一、红色文化的内涵及特点

红色文化是中国共产党领导人民在革命建设、改革阶段形成的历史遗存、革命精神和优良传统，是中国共产党和中国人民宝贵的精神财富和独特的政治资源，是以爱国主义为核心的民族精神的凝聚，是中国先进文化的载体，是马克思主义中国化的历史见证，是社会主义核心价值体系的重要精神源泉，是开展红色旅游的重要载体，也是高校辅导员进行思想政治教育的鲜活内容。红色文化具有鲜明的特点：

### （一）红色文化具有独特性

红色文化是中国革命、建设、改革年代特定的历史环境下形成的，是中华民族宝贵的精神财富和物质财富，是中华民族传统文化精神与时代精神的有机结合，具有时代的记忆和烙印，是独特的文化资源，是中国历史文化遗产的有机组成部分，是具有独创性和特殊性的一种资源。

### （二）红色文化具有文化性

它具有文化遗产价值，既是物质遗产，也是非物质遗产。它既有红色文化的精神层面的内容，如韶山精神、井冈山精神、长征精神、延安精神、西柏坡精神、雷锋精神、载人航天精神等，又有非物质文化的内容，如歌曲、歌谣、曲艺、诗歌、绘画、故事、传说等。还有体现其物质文化层面的内容，如纪念遗迹、事件遗存、建筑遗存、革命文物等。

## 二、红色文化在大学生德育教育中的重要作用

红色文化是民族文化的天然构成部分，蕴含着丰富的革命精神和厚重的历史内涵，是大学生进行思想政治教育的优质资源，具有重大的思想政治教育价值和德育功能。因此要积极利用红色文化资源开展大学生德育教育，培养大学生的爱国主义精神、提升大学生的思想政治素质和道德素质、传承红色理想信念。

### （一）红色文化是大学生社会主义核心价值观教育的重要载体

社会主义核心价值观教育是高校辅导员思想政治教育的重要内容之一，通过红色文化把社会主义核心价值观融入大学生思想政治教育的全过程，使社会主义核心价值观成为大学生普遍理解接受、自觉奉行的价值理念。

随着新课程改革的不断推进，初中体育教学的现状相较于以往有了很大的改善，教学水平有了显著提高，学生的身体素质和心理素质有了显著增强。但是从目前初中体育教学的开展现状来看，在教学实践中仍旧存在一定的问题，而学生主动参与性较低便是其中之一。学生作为体育教学的主体，一旦主动参与性不足，则会直接对教学质量造成影响，也就导致无法实现既定的教学目标。因此，必须采取有效手段加以解决。

红色文化是中国共产党领导人民在新民主主义革命、社会主义革命和现代化建设阶段形成的历史遗存，是一部展现中国共产党领导中国人民争取民族独立、实现国家富强的奋斗史。习近平同志讲过"忘记历史就是背叛"，然而我国的很多大学生对我们国家和民族的历史不了解、不熟悉，我们要通过弘扬红色文化促进大学生的近现代史教育。

### （二）红色文化是大学生理想信念教育的重要载体

理想信念是一个国家和民族奋勇前进的精神动力，习近平总书记也强调："理想信念是共产党人的精神之'钙'，没有理想信念，理想信念不坚定，精神上就会'缺钙'，就会得'软骨病'。"理想信念是红色文化的核心内容之一，遥想1927年的"四一二"反革命政变，面对"白色恐怖"，我们的革命先烈强忍泪水掩埋烈士遗体继续战斗。是什么支撑他们继续战斗——共产主义理想信念。改革开放以来，各种思潮涌入中国，社会价值观日趋多元化，大学生的思想易受影响和波动，我们要通过红色文化坚定大学生的社会主义价值观和理想信念。

### （三）红色文化是提升大学生近现代史观的重要载体

高校学生党建工作是高校党建的重要组成部分，是大学生思想政治教育的重要抓手，对党员的培养和管理起着重要的作用。大学生党员是我党新生骨干理论的重要来源，也是党员干部的后备力量。大学生党员素质的高低不仅关系到大学生的整体面貌，也影响大学生党员的整体形象，而且关系到我们国家"两个一百年目标"的顺利实现，关系到整个中华民族的伟大复兴，关系到党和国家的前途和命运。红色文化涵盖了中华民族的革命史、

建设史，凝聚了中华民族的民族感情、革命精神、坚定信念和崇高理想，红色文化丰富的历史遗存为学生党建工作提供了优质的教学资源，增强了思想政治教育的吸引力，利用学生党员主动接受。

## 三、红色文化在大学生德育教育中的实现路径

### （一）加强高校校园红色文化建设

高校在德育教育中要有针对性地引导大学生对红色文化的认同，将红色文化教育落实到日常的德育教育中。高校要通过设立专门的管理部门，将红色文化融入校园的文化进程，同时可设立相关的教育目标和实施细则，为红色文化的校园文化建设提供指导。在高校的校园环境中，校风建设和校园的环境都会对大学生产生某些潜移默化的影响。因此在校园建设中加入红色文化理念的建筑物、塑像，定期开展"红色文化主题班会"和以红色文化为主题的实践活动，在校园文化建设的方方面面展现红色教育理念，让大学生在校园日常生活中逐渐内化红色精神。

### （二）贯彻落实红色文化进课堂

高校思想政治理论课是大学生思想政治教育的主阵地，而红色文化很好地涵盖了思想政治教育的主要内容：道德规范教育、爱国主义教育和理想信念教育。因此，思想政治理论课程的教育内容要与红色文化进行有机结合。在具体教育教学实施过程中，结合各门课程的教学特点和时代要求，开展红色文化专题教育，尤其在新生中重点安排红色文化专题教育，在思想政治教育的实践课中更要注重与红色文化的融合，将红色文化教育渗透到思想政治理论课的全过程。

### （三）通过暑期学生"三下乡"活动增强红色文化教育的实践性和实效性

各高校每年都会组织学生进行暑期"三下乡"社会实践活动，组织学生到革命老区学习革命传统、服务老区人民。大学生通过到革命老区进行暑期"三下乡"社会实践活动可以把自身所学专业知识、扶贫帮困和感受升华对红色文化的认知进行有机的结合，如某医学院校的学生通过"为革命老区送医送药"活动，使学生既服务革命老区群众又在实践中得到锻炼和提高。这些活动的开展，有力地促进了红色文化教育由感知上升到认知，由感性上升到理性，真正的入心；有利于达到教育目的，实现教育目标，增强教育针对性和实效性。

### （四）积极利用网络弘扬红色文化

在互联网时代网络已成为高校辅导员进行思想政治教育的重要阵地。在弘扬红色文化中，我们可以借助网络资源，特别是校园网络平台，如开发移动 APP 平台，建立具有思想性、知识性、时代性、服务性的红色文化传播媒介，让红色文化真正融入大学生的思想政治教育。

## （五）在学生活动中弘扬红色文化

在学生活动中通过寓教于乐等形式让学生在潜移默化中接受教育，如在重要的纪念日举行红色歌咏比赛、红色诗歌朗诵比赛等，组织学生观看红色经典影视作品和开展红色文艺活动等，形式可以多样化，贴近大学生的生活，让学生在活动中接受红色文化和革命精神的教育和熏陶。

# 第六节　奥林匹克精神与大学生德育教育

奥林匹克精神所倡导的理解、友谊、团结和公平竞争对当代大学生正确树立世界观、人生观和价值观具有重要的意义。在当代大学生的德育教育中，要充分挖掘和运用奥林匹克精神的价值意蕴，通过弘扬奥林匹克精神，增强大学生抵御市场经济的负面影响，以及社会不良现象具有重要的作用。本节通过就奥林匹克精神对大学德育教育的作用进行解读。

奥林匹克精神蕴含着深刻的教育价值和教育意义，特别是 2008 年北京奥运会后，奥林匹克精神对当代大学生全面发展的感召力更加深刻。本节就奥林匹克精神在大学生德育教育的作用进行论述。

## 一、奥林匹克精神赋予大学生德育教育的时代性

奥林匹克运动是国际性的运动，它是集体育精神、民族精神和国际主义精神于一身的世界级运动盛会，象征着世界和平、友谊和团结。奥林匹克已成为全世界人类的一种共同愿望、一种共同的期许、一种共同的祝福。他随着时间的流逝而不断地升华，不断地增添新的内涵，成为人类不断创新、不断增长的宝贵精神文化遗产。在高校中弘扬奥林匹克精神已成为时代发展的需要。高校大学生正处在成熟、面临人生关键选择期，单纯、可塑性强，他们是祖国的栋梁，是走向富强的中坚力量。大学是传播知识的殿堂，也同样是对人才培养的训练基地。奥林匹克运动以其特有的运动形式强烈地感染世人，影响深远，对升华大学生的精神境界具有重要作用。在奥运赛场上不仅是一个充满汗水和欢乐、掌声与鲜花的赛场，也是一个充满泪水与艰辛、失望与遗憾的赛场。从 1932 年刘长春中国奥运第一人到 2008 年中国奥运会第一次；从 1984 年许海峰第一块金牌到 2008 年中国奥运会金牌世界第一；随着中国实力的增加，从"东亚病夫"到体育强国；体育事业的发展伴随着中国社会主义现代化建设的发展进程，是实现中华民族伟大复兴的精彩写照。

奥林匹克精神不仅仅是为了推动竞技体育的发展，还是为了把奥林匹克精神融入教育，秉承奥运精神，提高公民的素质，创建一个不断创新的学习型社会。全国大学生思想政治教育工作会议上强调要培养千千万万具有高尚品德和良好道德修养的、具有丰富理论知识

和高尚道德情操的社会主义现代化建设接班人。改革开放以来，我国经济不断发展，人们的生活水平也越来越高，当代大学生大多都是独生子女，很多都缺少吃苦耐劳和艰苦奋斗的精神以及自强不息、勇于拼搏的勇气。因此，必须加强当代大学生的思想品德教育。奥林匹克的精神内涵正好是对大学生进行德育教育的宝贵资源。高校应该采用多种方式来加强大学生的德育教育，促进大学生身心的健康发展和正确世界观的形成。当代大学生的校园生活离不开体育教育，而体育教育以奥林匹克精神为指导，通过体育教学、体育比赛和各种体育活动来表现。将奥林匹克精神贯穿到德育教育当中，让大学生在接受奥林匹克精神教育的同时促进德育教育的发展。

## 二、奥林匹克精神增强大学生德育教育的时效性

奥林匹克精神是一种"更快、更高、更强"的自我挑战精神，无疑具有"正能量"的特质。奥林匹克运动会是一个诞生传奇的地方，有一种力量叫作"正能量"，有一种感动，叫作坚持。譬如德里克·雷德蒙德在巴塞罗那奥运会 400 米半决赛中，右腿肌肉撕裂，忍着疼痛，一跳一跳地完成最后的比赛，全场 65000 名观众自发为这位象征着奥林匹克精神的运动员鼓掌加油。23 岁的独臂姑娘娜塔莉亚帕蒂卡靠自己顽强的斗志获得了奥运会单打冠军，征服自己，征服了全世界。人们总是习惯记住冠军，但是完全具备冠军水准的王皓，却用另一种多少有点心酸的方式让人们永远记住了他：三次与奥运会金牌擦肩而过。王皓的一句"尽力了，没有遗憾"体现出一个成熟男人的豁达，一个真正英雄所表达的人生感悟。这些故事远比胜负更令人难忘。2012 年伦敦奥运会口号"激励一代人"，被认为史上最为低调的口号，它尝试着用体育精神去引导现在成长于互联网时代的年轻人。在伦敦奥运会上，"90 后"成了奥运会的点睛之处，这批"90 后"身上散发出来的潜质，注定了他们未来的成功。当前，作为"90 后"在校大学生，由于各种现代技术的蓬勃发展，他们的视野更加开阔，接受新鲜事物的能力更强，同样，也很容易受到网络技术的负面影响。由于现代生活条件的变化以及社会风气对经济利益、物质享受的推崇，当代大学生的世界观、人生观、价值观偏离了轨道。所以，作为高校教育工作者，要提高大学生德育教育工作的针对性和时效性，提高学生的社会责任感、创新精神和实践能力，必须想学生之所想，急学生之所急，因材施教，才能真正把德育教育落到实处。奥林匹克精神的"正能量"无疑是一种典型的励志案例，和谐包容、追求进步、团结友谊的奥林匹克精神对塑造青年大学生健全的人格提供了很好的载体。

## 三、奥林匹克精神对大学生德育教育的作用

### （一）奥林匹克精神培养大学生的人格、文化修养和爱国热情

奥林匹克最基本的精神就是爱国主义精神，从旧中国运动员自费参加奥林匹克到新中国运动健儿为国争光、奋勇拼搏，无一不是爱国主义的具体体现。对祖国的热爱是他们拼

搏的动力。每当奥运健儿在接受媒体采访时都会流露出对祖国的热爱和民族自豪感。尤其是当我国运动健儿获得金牌后伴随着五星红旗的冉冉升起，此时大学生也会同样欢欣鼓舞，热血沸腾，对祖国的热爱和崇敬之情油然而生，也成了对大学生爱国主义教育的理想课堂。

奥林匹克精神之所以有强烈的号召力，就是因为它唤起了人们的爱国主义情感。爱国主义情感升华到大学生的精神世界能够促进德育教育的顺利开展，能够激励大学生对祖国的热爱，满腔热忱地去实现自己的理想，报效祖国，从基础做起、从自身做起，努力学习、踏实做人，为实现中国特色社会主义建设而努力奋斗。

### （二）奥林匹克精神培养大学生拼搏进取、勇于创新的精神

奥林匹克有一句名言叫"更快、更高、更强"，这是运动员勇于向困难挑战、向自我挑战、向极限挑战的精神。勤奋是一种积极向上的精神风貌和不断进取的态度，一个人的成功固然与学识、机遇、天赋和环境有很大的关系，但关键还是要看自己是否勤奋。没有勤奋进取的精神，就算其他条件再好也无法获得成功。拼搏是一种精神状态，能让人们发挥自己的最大潜能，在奋斗的过程中体会成功的喜悦。其实人生就是勤奋拼搏的过程，通过拼搏和奋斗得到的东西才会更有价值。

对奥林匹克运动员来说，他们勤奋拼搏、永不言败，不管最后的成绩如何，都是我们的英雄，也是奥林匹克精神的崇高体现。这种精神激励着当代的大学生在科学探索的道路上不断奋勇向前。在大学的科研学习中一定会遇到很多的困难，这就要求大学生发扬奥林匹克精神，奋勇拼搏、永不言败。不能遇到困难挫折就轻言放弃、逃避，缺乏拼搏意识。要用奥林匹克精神鼓励当代大学生勇于超越自我，与自己竞争。

### （三）奥林匹克精神能让大学生正确看待名利

对奥林匹克运动来说，胜败固然是比赛的焦点，但赛场上不断变化的竞技过程更加能体现体育的魅力。对运动员来说，胜利固然值得祝贺，但是失败了仍然值得尊敬。当代大学生就要有这种积极参与的思想，不论成败、努力拼搏，正确看待名利，不断增强积极参与的理念和淡泊名利的思想，这种精神潜移默化到大学生生活的各个领域，形成一种高贵的精神品质，这样能够让大学生在走向社会以后从容应对各种挫折和困难。

### （四）奥林匹克精神能够培养大学生的团队合作意识

奥运会的五环旗环环相扣，象征着五大洲运动员的团结和友谊，凭着这种协作精神，我国的运动健儿取得了一次又一次的优异成绩，让世界刮目相看。作为当代的大学生，也要加强合作意识和团队精神，发挥集体的力量攻破一个又一个的难关。当今社会随着信息化的发展，人与人之间的协作越来越少，大学生的团队协作意识也有所下降，很多人都漠视群体，以自我为中心，因此团队精神正是大学德育教育的重点，要学习奥林匹克精神，发扬团结合作的集体主义思想理念，让大学生的德育教育全面发展。

总之，利用高等教育向大学生大力弘扬奥林匹克精神，提高大学生的德育教育水平，对促进大学生的思想道德素质和崇高精神品质具有重要的作用。高校的德育教育要利用奥

林匹克精神来加强大学生的爱国主义教育，增强中华民族的民族自豪感和凝聚力，将大学生培养成具有高尚道德情操的社会主义合格建设者。

# 第七节　网络语言与大学生德育教育

网络语言实际上并不是一种规范化的语言系统，随着社会和网络信息的不断发展整个社会当中所存在的网络语言也趋于随意性，不过正是因为互联网当中很多语言在演变的过程中是具备随意性的，所以在整个互联网的语言框架当中都出现了很多语言表达自由化的状况。很多网络语言都是反主流的，强调个人的自由。在这样的情况下，很多的网络使用者也会跟随着大流，各自表达自己的意见，这些也就形成了一种非理性语言的状况。因此，面对这样的一种背景，要注意分析网络语言背景下对大学生德育的影响，并且运用恰当的策略引导大学生形成良好的道德价值观。

网络文化也是一种大众型的文化，是具备了娱乐性特点的。在虚拟的网络平台上，语言往往是带有强烈的游戏性，在表达的过程中如果有所节制，就可能会体现出友好的一面，但是如果毫不节制的话，就会出现语言粗暴的状况。在论坛回帖当中，有的人如果要提升自己的回帖率，就会在帖子后面附上"看帖不回帖、全家死光光"等过多的言论。在网络的世界当中，很多人都是匿名的，发表自己的言论，由于是匿名发表言论，因此很多人人性的阴暗面就暴露出来，更多的是不负责任地表达自己的观点。这些都对大学生的品德塑造形成了一定的冲击。

## 一、网络语言对大学生德育冲击的表现形式

从一些特征上面分析，当前中国的网络非理性语言实际上是非常多元化的，之所以把网络语言当中不规范和自由化的状况定义成为一种非理性语言的行为，实际上是因为网络语言可以随意地对一些特定的公众事件进行评论，或者是对某些特定的事件进行个人意见的表达等。当这种表达并不是理性的或者是带有强烈的情绪性时，这些都可以视之为网络语的暴力行为。对于网络的使用者而言，之所以会出现网络暴力的状况，也是因为个人的情绪无法宣泄。所以要对网络语言的表现形式进行充分分析，才能够更好地把握网络语言在发展过程中的特征。当前中国的网络非理性语言主要是出现以下几个方面的表现形式：

第一种形式是采用文化大革命时期的一些语言来表达自己的情绪或者观点。文化大革命时期，中国强调政治挂帅，所以在很多问题，特别是在探究干部或者是一些人的行为或者作风问题时，往往会渲染着一个人的政治性不足，所以会采用一些语言进行攻击或者谩骂的。这样的一种语言，实际上是需要被时代淘汰的。不过在互联网的平台当中，这种文革式的语言也逐渐成为当前互联网暴力特别是非理性语言的一种象征。文革时候的这些批

判性语言，主要是表现出一种强烈的情绪和愤慨。比如，针对某个人说出永世不得翻身，或者将某个人视为坏分子等。这些表达方式实际上都是文革时期的表达方式，通过这种愤怒的表达来宣泄自己愤怒的情绪。然而，并不是所有的事件或者个人都应该承受这样的表达或者谩骂。所以在这样的一种情况下，文革式的语言也成了网络非理性语言的一种重要的表现形式。

第二种表现形式是采用谩骂性的言辞。正如前文所分析的文革时候所采用的这些批判性的语言，实际上在互联网当中也是一种谩骂性的言辞。在互联网这样一种虚拟平台当中，采用这种互相批判和攻击的语言是相对比较多的。这一点主要是因为在虚拟平台当中不同的人其实并不知道对方的真实身份，对当事人的状况也并不是全面了解，然而在表达言论的时候，更多的人并不会细致地去了解整个事情的来龙去脉，而是单纯依靠对这些事件少量资讯简单地进行解读，然后就对这些事件进行评论。比如，在一个典型的事例当中，一个被称为"史上最毒后妈"的陈彩诗在没有任何防备的情况下，被人造谣。陈彩诗被人造谣的时候实际上是非常被动的，但是陈彩诗的具体状况却很少人有去进行深入了解，在对其状况进行简单分析之后，很多人都对其进行了激烈的评论。有的人评论他是丧尽天良，也有的人认为他是猪狗不如，这些实际上都是网络非理性语言的典型例子。在这样的一种背景下，网络的使用者往往不具备或者不愿意进行细致的探索和分析，然后就对事件进行简单的下定义或者结论，实际上是不利于整个网络的文明发展。

第三种表现形式，网络的非理性语言也往往会表现为一种谣言的形式。在上文陈彩诗的例子当中可以看出，陈彩诗实际上是被人造谣和陷害的。谣言实际上就是恶意的编造，并且传播一些虚假的消息。这些谣言实际上对个人或者一些特定的企业会造成一些损害。陈彩诗虽然是个后妈，但是她在家庭当中并没有毒骂自己的孩子，在这种背景下，陈彩诗被人造谣变成了一个最毒的后妈，实际上被网络的非理性语言所谩骂，最终他是整个事件当中最为严重损失的当事人。这种精神上的伤害往往是不可估量的，而且这种谩骂更是很难被追究责任。所以，谣言的问题一直是舆论在引导过程当中所需要注意的一个重点问题。

第四种表现形式是互联网发展过程当中所出现的人肉搜索状况。所谓的人肉搜索实际上就是通过互联网当中不同的社会关系和各种相关的资源，以此对某个人或者某件事情进行刨根问底。在这样的一种搜索状况下，网络的使用者实际上搜索某个特定的个人或者是某个特定的事件，也并不是违法的行为，不过将这些信息集合在一起，将个人的隐私进行无限制的曝光，实际上已经触及了法律的底线。有一些人甚至使用这种搜索功能，以此来达到自己违法的目的，这也是不可取的。

## 二、网络非理性语言的危害性

### （一）对大学生语言表达方式的冲击

网络非理性语言的出现实际上也是网络语言存在所产生的，所以说网络语言应当是网络非理性语言的根源。网络非理性语言的出现也逐渐放大了网络语言所产生的负面影响，将传统规范的语言彻底打乱，特别是普通的意义和各种内涵也发生了根本的变化。所以网络非理性语言对现代化造成了非常大的影响。

由于网络上面的各种语言表达学具有匿名性的特点，因此参与到网络交接过程当中的人往往是追求潮流与前卫的，所以网络语言在传承传统语言的过程中往往会对传统语言做出一些偏离的现象。在网络非理性语言当中，常常看到一些用英文取代传统语言的现象，这实际上是因为传统语言已经无法去表达他们的情绪，不能宣泄情绪，所以他们的网络非理性语言逐渐出现和官方的语言背离的状况。这样的一种网络非理性语言，实际上是造成规范语言使用混乱的。在这样的条件下，网络非理性语言对语言的纯洁性实际上是造成了严重影响的。

而从另外一个角度上看，网络非理性语言，实际上所有的群体传播的性质，在这样的背景下也容易造成语言系统的破坏。当一种新兴的语言以一种不确定的意义逐渐出现时，原先的语言系统当中的平衡就会逐渐被打破。网络非理性语言是从一般的网络语言发展而来的，在发展的过程当中没有通过对传统语言的认真分析或者是没有通过认真的思索，就将这些语言摆放在网络上，所以传统语言的规范性和逻辑性就会被打破。网络媒体当中更倾向于自然的生活语言或者是本人的语言，一般都不会安装语言的工具性或者逻辑性进行组织，而且为了突出语言的吸引力，一般都会采用多元分散的矛盾主题小叙事方式，导致网络非理性语言呈现出一种拼凑的状态。所以在这样的状况下，现代语言机制的偏颇与缺失以及个人的情绪化交织在一起，表现出对传统语言和传统文化的反叛。

## （二）对大学生人际传播原则的挑战

在互联网当中，这种语言表达也体现出一种后现代性，主要是对这些现代的文化进行消解和颠覆，对于整个世界的文化都带来非常大的影响。互联网语言呈现出后现代的特点，这种后现代的特点强调的是对文化垄断的反对，强调个性的张扬。在这样的一种背景下，后现代主义对网络非理性语言学形成了一种促进的作用。网络语言，借助网络全球化的传播力量，对整个世界的文化起到一种颠覆作用，而且对各个民族的文化，特别是对中华文化具有的价值体系也造成了一定的冲击。所以网络非理性语言在虚拟的空间当中进行，也没有对人际传播当中约定俗成的一些道德标准进行遵守，而且对传统的语言表达价值体系也起到了一定的颠覆作用。在这样的一个背景下，网络非理性语言行为对道德的否定受到了很多年轻一代的欢迎，但在传播的过程中，是对传统人际传播原则的挑战。

礼貌原则在日常的交际过程当中是一项非常重要的交际原则，在现实的社会当中，礼貌往往被理解成为说话需要达到一定的礼仪规范。在这样的一种语言背景下，网络的交际主体遵守的礼貌原则，实际上也受到了网络非理性语言的冲突和打破，说话人为了达到自己的目的，在表达的过程中因为非理性而打破了传统人际传播当中的礼貌原则。在网络的虚拟社会当中，由于每一个人都是匿名表达自己的思想，因此在表达的过程中也往往忽略了使用礼貌原则，在网络的语言当中也逐渐产生了变化。

### （三）对大学生道德价值观的冲击

道德实际上是整个社会意识形态当中的重要组成部分，是每一个人在生活和学习各种行为过程当中的一种规范，也是调节人际关系的一种准则。道德对社会生活的发展起到了一种重要的调整和约束作用。在现实社会当中，每个人都受道德的约束，对各种行为或者具体的事件都有自己的评判标准。而在现代的道德当中很多的道德范围和内涵，都和古代的道德标准是一脉相承的。而在互联网的平台上面，由于是一个虚拟的社会，对传统的思想道德观念造成了一定的冲突，原有的道德观念在互联网的语言表达过程当中变得脆弱和模糊。在这样的情况下，很多人在语言表达的过程当中逐渐地放下自己的道德约束，甚至在表达的过程失去了羞耻感，逐渐扭曲了一些人的心理。

在网络虚拟的表达过程也逐渐出现非文明化的状况，特别是可以经常看到很多不文明的网名，比如是"隋炀帝"或者是"等待强暴"等一些不文明的名字都是在网络当中十分常见的。而且有一些网络的使用者进入网络的虚拟空间，往往是运用了网络当中的虚拟性特点，采用传播谎言而不责任的谩骂等情况，这些实际上都是网络言论打破了应该遵守的道德标准，也导致网络的公信力和责任感都受到了挑战和质疑。

## 三、网络语言条件下大学生德育引导策略

有学者把网络非理性语言称为"游走在道德和法律间的病毒"。虽然无法用现实社会中的条条框框来规范它，但也不能听之任之。只有净化网络环境，才能实现互联网价值的最优化。至于网络非理性语言的稀释对策，最终还是要靠网络他律和网民自律来实现。

### （一）制定并且向大学生普及网络管理法规

对互联网的管理应该进一步的强化，特别是国家的立法机关应该强化立法。要做到在网络管理过程当中有法可依、有法必依并且严格执法。对违法的网络语言行为，要加大惩处力度，这样才能对社会形成一定的警示性作用。比如，韩国政府围绕崔真实的自杀事件，就形成了一系列的网络管理条例，特别是针对信息通信过程当中的这些谣言问题进行了一系列的约束。韩国就强调了这种信息传播过程当中的限制性本人确认制。这样的一种保护模式是在保护个人隐私的情况下对国人的言论进行约束的。在注册各类网络平台的过程当中，这些国家都要求要用实名的制度进行注册，但是他在表达自己言论的过程当中就可以赚取利润的制度，所以在这样的情况下，一方面保障了网络使用者的语言自由，另一方面在出现谣言或者其他非理性语言的情况下可以追究其责任。在这样的条件下，真实的信息保障了法律追究的基本依据。通过相关的配套法律对这些个人的信息隐私进行保密，但是同时又可以对这些人进行监督，这样对整个网络环境的净化是有着积极意义的。

## （二）完善大学校园的网络语言监督管理机制

在网络的博客或者论坛上面，一系列的网络交流平台实际上都有网络的非理性语言监管技术，还有各种机制都难以适应发展的步伐。所以对于网络非理性语言监管过程当中所出现的问题，网络监管的过程当中需要进一步的调整，特别需要对网络语言监管形成一种机制。要促进网络语言的健康传播，应该设立文明的网页，特别是对门户网站的网络道德教育是最为重要的。具体的操作方式主要包括以下方面，如定期对这些门户网站进行监控，对一些污言秽语进行抵制，或者警觉地防止这些污言秽语传播到其他的领域。而从另外一些方面参考，也可以由政府建立一些强势的文明传播网站，采用规范化的网络语言进行传播，为其他的网站做表率。

另外也可以让网络编辑人员规范网络语言的编辑，特别是网络编辑是在网络文化的背景下产生的新职业，所以在语言文字编辑方面也受到网络语言的影响。因此，在这样的背景下，应该对这些网站的编辑人员进行规范和引导，通过这种方式来防止污言秽语的传播。此外，也可以对网络管理技术进行升级。当网页当中出现一些污言秽语的时候，可以通过网站背后的一些网络计算机算法来筛查这些信息，通过一种类似于防火墙的网络过滤器对这些不健康的网络非理性语言进行筛查，从而对网络环境进行净化。

## （三）网络语言的舆论治理

早在《2007年中国互联网舆情分析报告》中就指出，随着互联网的普及，一个新的舆论形成机制渐渐露出雏形。在这样的背景下，中国公民社会的培育实际上是具有开拓性的，所以对网络语言的舆论治理也需要充分的考虑合适的方式进行解决。当前舆论的问题主要是集中在用合适的方式表达意见，在网络语言传播的过程中，语言的权利进一步的被扩大，每个人都有其网络的话语权。对于这一个问题，应该更多地探索一些新的网络舆情引导机制，特别是根据当前的社会发展现象，更进一步地驱逐网络非理性语言行为。

网络的存在，给了广大的大学生一个发泄情绪的途径。当前的中国正处在社会转型期，需要解决的问题是非常多的，社会矛盾也相对比较集中，所以为了更好地让大学生能够选择文明的方式表达自己的观点，就需要充分根据社会的发展状况，有针对性地引导大学生使用健康的语言。所以在这样的社会条件下，只有拓展公众在现实途径当中的个人表达空间，特别是有更多健康、持续的环境表达自己的意见，这样才能够在一定范围内引导公众用合适的方式表达自己的观点。同时，对网络非理性语言，应该科学分析，针对年轻学生可以开设一些分析课程，在课堂上向他们分析网络非理性语言的一些危害性，从而鼓励他们用健康的语言进行表达。

虚拟性实际上是在网络传播过程当中的一个重要特征，在互联网中所有的网络使用者都是在虚拟的世界当中表达自己的观点，而网络的使用者往往也是用匿名的形式来掩盖自己的身份，所以这样的形式里，所有的人都是陌生人，在这种陌生的氛围里，非理性语言也就随之上升。在这样的背景下，所有的人都不具备道德感。由于在现实社会当中受到道德的约束，工作的人员使用语言的过程当中会更加谨慎，但是在网络这种陌生的状况下，各种语言的道德约束都消失了，逐渐地丧失伦理规范约束性。

在互联网的陌生化氛围内，几乎任何人都可以随意地运用自己的语言去表达自己的观点。在这种陌生的社会当中，行为的主体可以随意地解释这里的各种语言。甚至是所有的语言都可以成为正义的化身。在这种网络的话语权争夺过程中，网络的使用者感受到道德性与游戏性的双重快感，所以很多的人都可以对自己的语言进行道德豁免。因此，强化网络语言背景下的大学生德育，有着现实的重要性和紧迫性，应该根据大学生的个性发展，有效地引导大学生养成良好的道德品质，形成网络时代的新道德。

# 第四章　大学生德育的实践应用研究

## 第一节　团体心理辅导在高校德育教学中的应用

党的十九大以后，党中央对高校思想政治教育有了更高的要求，特别是习近平总书记在全国高校思想政治工作会议上的讲话强调要让思想政治教育贯穿教育教学全过程，德育作为高校思想政治教育的重要组成部分，显得非常重要。从目前的高校状况来看，传统的德育教学模式已经不适应高校思想政治教育发展的需求。我们应该重视团体心理辅导在高校德育教学中的重要作用，团体心理辅导对改善大学生心理学生健康有着非常大的帮助，同时也可以适应新时代高校对德育教学的发展需要。

受社会、学习、生活、就业、情感等多维度因素的影响，当代大学生的心理问题也逐渐显现出来，不仅影响大学生自身的健康发展，同时也对社会造成一定的负面影响，对此，高校应当引起重视。团队心理辅导是在团体情景下进行的一种心理辅导形式，以团体为对象，运用相关方法，促使团体内成员之间的交流互动，通过观察、学习与体验去认识自我、探讨自我、接纳自我，调整和改善与人的关系，形成新的行为模式完善内在人格。有研究表明，团队心理辅导在高校德育教学中有着积极的作用，开展团队心理辅导，有利于大学生的健康发展。

### 一、团体心理辅导在高校德育教学中的作用分析

#### （一）拓宽了高校德育教学视域

长期以来，高校德育教学一直以理论教育为主，机械式地向学生灌输要摆正政治立场，坚定理想信念，却没有教会学生如何去认识自我、如何处理自己与周围人、与社会的关系，可以说学生完全是以独立的个体存在的，比较封闭。在学校做团体心理辅导时，其主体是学生，其活动形式大多以学生自身的观察体验，相互启发去学习和认识，打破了简单枯燥的单向知识灌输的学习模式，让学生更有效的接受德育教育内容并有效地将其内化。此外，在高校德育教学中应用团体心理辅导，有利于学生共勉共助，让学生充分融入团体之中，并增强其归属感和集体荣誉感。

## （二）为学生树立正确的三观奠定了基础

大学生作为社会主义事业建设的接班人，心理因素是影响大学生认知自我、认识世界的关键因素，同时也是影响社会稳定、健康发展的重要因素。良好的心理素质能够帮助学生形成积极乐观的心态，使其在困难、挫折面前从容面对；反之，消极的心理容易导致学生思想观念扭曲。而团体心理辅导活动有利于大学生树立正确的三观。通过团体心理辅导，可以让学生在团体中充分交流，在此过程中深入探究世界、谈论人生价值，促进不同学生的世界观、人生观、价值观有效融合，进而不断完善学生的三观体系。同时，团体心理辅导是以集体的视域看问题，有利于突破个体视域的局限性，引导学生全面发展。

## （三）有利于提高德育教学的科学性

传统教育模式下，教师具有"闻道在先"之权威，在课堂上教师占据主导地位，学生处于被动接受知识的状态，这种教学造成学生与教师之间存在鸿沟，这种鸿沟的存在使得高校德育教育无法有效落实人道主义教育。而团体心理辅导是以学生为中心，在德育教学中应用团体心理指导，可以充分调动学生的学习积极性和主动性，让学生在解决心理问题的同时也充分感受到人文关怀，潜移默化地树立起关心他人、尊重他人的思想意识，进而提高德育教学实效。

# 二、团体心理辅导在高校德育教学中的应用策略

## （一）科学设计活动主题

高校德育教学的目的就是引导学生树立正确的人生观、世界观、价值观，而要想达到这一目的，仅仅依靠理论知识教育是远远不够的，还需要让学生多参与各种实践。对此，在应用团体心理辅导的过程中，教师在向学生灌输理论知识时，要巧妙地结合教学内容，设计各种活动，让学生在活动中不断认识自我、完善自我。教师在设计活动时，要准确把握学生的心理需求，用团体协作、角色换位、分享、游戏等方法，开展相关团体心理辅导主题教育活动。例如，针对"人际关系"问题，可以设计"互帮互助"的团体活动，让学生在实践活动中有针对性地培养其良好的人际关系。

## （二）开展小组合作

所谓小组合作是指将学生分成小组，以小组为单位进行合作学习的一种方式，借助小组合作这种方式，有利于团体心理辅导作用的高效发挥。在高校德育教学中，教师要善于借助小组合作的方式来引导、教育学生。例如，针对"公民道德"问题，教师可以让学生分成小组，让学生围绕"公民道德"这一主题进行讨论，让学生在讨论的过程中指导如何做一名合格的公民。同时，在讨论结束后，教师可以让小组成员进行自我评价、相互评价，指出对方的优缺点，从而使学生了解自身的不足，有针对性地加以改进。

### （三）营造一个轻松、和谐、安全的教学环境

在高校德育教学中实施团体心理辅导的过程中，是以团体为载体开展活动的，而要想达到团体心理辅导应有的作用，教师应当为学生创设一个轻松、和谐、安全的环境，这将有利于学生全身心地投入教学，主动去开放自我，并有效地从中学习与反思。同时，在德育教学过程中，教师要善于运用共情技术、表达对学生的尊重和理解，协助他们调整好自己的心理和情绪，帮助他们从负面心理和情绪中走出来，使学生能够积极、乐观地面对一切。另外，在团体活动中，教师要适当鼓励学生，增强自信，使其在心理上得到一定的满足，进而提高其学习积极性。

### （四）加强师生的互动

师生互动少是当前高校德育教学中一个普遍现象，教师在教学过程中大多是抱着完成任务的心态去教学，只管教，不管学。虽然大学生已经成年，但是他们未经历社会，各方面的阅历不足，在成长过程中需要教师的引导。对此，在应用团体心理辅导的过程中，教师应注重与学生的互动。在课堂上，教师要注重与学生交流、沟通，讲自己对心理、道德等方面的看法。同时，教师要以身作则，让学生看到自己的爱岗敬业，并在传道授业的过程中影响学生，引导学生朝着正确的方面发展。另外，教师要以团体成员的身份融入团体心理辅导，与学生建立更加良好的关系，进而更好地方便师生互动，提高德育教学实效。

## 三、团体心理辅导在高校德育教学中应用需要注意的问题

### （一）突出学生的主体作用

无论是团体心理辅导还是德育教学，其目的就是引导学生健康、全面发展，而要想达到这一目的，关键在于突出学生的主体作用。学生作为教学的主体，只有肯定其主体作用，才能更好地调动其学习积极性和主动性，进而提高教学实效。对此，在高校德育教学应用团体心理辅导中，教师要根据学生的心理特点来设计活动，确保活动能够吸引学生的注意力，并产生认同感，进而更好地实施德育教学。

### （二）教学的针对性

大学生作为社会主义事业的建设者，开展德育教育，加强心理辅导有利于学生的更好发展。团体心理辅导在高校德育教学中有着重要作用，团体心理辅导活动开展的最终目的应该与德育教学主题活动相符。对此，在高校德育教学中，教师应明确价值观导向，将学生培养成为积极、乐观、充满活力，具有正确人生观、世界观、价值观，具有坚定社会主义意识的接班人和建设者。

### （三）心理辅导过程中的平等性

不同学生之间存在着一定的差异，这种差异性也是困扰高校德育教学的重要因素。受传统观念的影响，教师在教学过程中比较倾向于听话、学习成绩好的学生，疏远那些成绩

不好、调皮捣蛋的学生，而这种教学不利于团体心理辅导的开展。对此，要想达到教学最佳效果，教师在教学过程中就必须考虑到心理辅导过程中的平等性。一方面，教师在教育过程中，对学生要做到一视同仁，不能带"有色眼镜"。另一方面，要引导学生在团体活动中要保持平等互助的关系。只有让学生处在平等对话的语境下，团体成员才能敞开自己的心扉，真诚地分享经年，乐意接受他人的帮助，愿意主动去帮助他人。

综上所述，团体心理辅导在高校德育教学中有着积极的作用。团队心理辅导以团体为对象，在团体活动下，可以更好地调动学生的学习主动性，引导学生树立正确的人生观、世界观、价值观，培养学生健全的品质和人格，进而促进学生的全面发展。作为教师，在开展团体心理辅导的过程中，要根据学生的心理状态，有针对性地引导学生学习，确保团体活动的针对性，进而促进德育教学实效。

# 第二节　生命教育观在高校德育中的应用

近些年大学生伤害自己或者他人生命的报道屡见不鲜，现代有一部分大学生陷入追求物质生活的泥沼，从而出现了蔑视生命、不尊重生命的行为。并且很多学生过于沉溺网络，虚度大学时光也是一种浪费生命的事实。这些事情的存在呼吁了高校应该注重学生的精神世界的发展，学校的教育应该贴近学生的生活，为学生的全面发展提供源源不断的动力支持，本节将从多个方面探究生命教育在高校德育中的应用。

## 一、生命教育观在高校德育中研究意义

高校即肩负着为社会发展提供源源不断新鲜血液的地方，也是更多学子认为自己应该大展宏图的地方。高校也为个人和社会造就了一个又一个奇迹，一批又一批的人才。尽管如此，高校中也存在着很多无视生命这一神圣的信条的存在。几乎每一年高校内都会出现伤害他人生命，无视生命的事件，无论是前两年的投毒事件，还是近两年的自杀事件。无论是伤害其他生命的事情还是伤害自己生命的事情，这样的事情一旦发生都会对受害者的家人、所在学校和社会造成严重的负面影响。高校的人物不光是"教书"更是"育人"，为受教育者培养健康向上的思想观念和生活态度，为他们的精神世界的建设添砖加瓦。

教育之所以是塑造人心灵的事情，是因为它通过引导使人们热爱生活、珍爱生命。可是我们很多的教育工作却忽略了对受教育者关于生命的教育，这种忽视造成了严重后果。笔者发现在培养学生专业知识的同时也要按照系统并且有计划地引导学生有一个正确的生命价值的认识，理解生活的真谛、尊重人的成长规律，使学生的生活充满阳光和欢乐，让他们的精神生活更加的丰富多彩。

## 二、国内外的研究分析

通过对国内外文献的阅读和分析笔者发现他们着重关注学校要反对毒品和艾滋病的预防。对于国内来说主要是下面几种：第一点，生命教育体系的完善，很多教育专家认为以发现学生内在的潜质为前提，再选择适合的教育方式。通过对学生精神世界的观察和引导，将他们的生命的潜能发挥出来。利用多种智慧的活动，培养学生的心灵，从外到内地促进学生拥有更加健全的人格。第二点，生命教育内容的应用，有些人认为生命教育是一个对生命进行认知的过程，通过这一过程达到敬畏、尊敬和热爱生命的目的；并且生命教育不仅限于人与人之间还有人与自己、环境和社会的教育。第三，点生命教育塑造学生的价值追求。这些人认为要关注生命的本质，使学生发现生命的价值拥有健康的心灵和全面的人格。

在生命教育和高校德育的关系中，不同的人有不同的观念，有些人认为生命教育先于德育，要开发学生的主观能动性，从而促进学生人格的全面发展，这一切都基于良好的生命教育。也有人认为一个学校德育的生命力的体现在于生命教育的好坏；有人说德育的本质是生命教育，要把人作为教育的根本，将生活和生命作为教育的基本点，生命教育和德育是相辅相成的。

那么什么是生命教育呢？生命教育观的本质是"生命"，在进行生命教育之前要对生命的内函、特质、构成等方面进行详细的认识。生命是仅有一次的，所以这也是生命的宝贵之处。生命具有哪些特点呢？首先是生命的亲在性一方面是个人的存在，另一方面是它是实在的；其次生命不是无限的，我们常说人有生老病死，在特定的时间里人们需要将自己的生活建立得更好；再次生命是具有意义的，因为每个人的生命都是有时间限制的，所以要找到生命生的意义，最著名的一句话就是雷锋说"我要把有限的生命投入到无限的为人民服务当中去"；最后生命是不断地进行更新的，生命需要不断的"升级"，生命拥有太多的可能性，在不同的生命阶段中也将体现出生命的不同特性。

高校中的德育与学生生活的差距，有些高校的德育与学生的生活距离十万八千里，这样的教育无法融入学生的具体生活，所以这样的教育也就无法发挥它的指导作用。由此可见德育应该贴近学生的生活。高校的德育也没有与学生的专业知识的教学进行区分；忽视德育，随着社会的进步和发展，我们更加重视培养高素质的专业人才，但是忽略了他们的人格培养。

## 三、生命教育在高校德育中的应用

生命教育观在高校德育中的应用有利于使学校的德育目标不断地吻合社会的发展。我国的学校需要培养一批又一批的社会主义的接班人，在注重学生的专业素质的时候也需要促进学生的人格培养。在现代社会人与人的关系联系得更加紧密。

笔者上文提到了学校的德育与学生的生活距离太遥远了，所以在这里我们可以不利用传统的讲课本的方式去进行德育。高校的德育要站在学生的角度，其例子是来源于学生的生活，这样也会引发学生的学习兴趣，我们要将德育贴近生活、实际和学生，根据学生的生活现状来决定德育的教育内容和教育形式。

通过学生的成长规律来进行德育目标的确定。因为我们的目标具有连续、持久和上升性，所以在确定德育目标的时候就要关注学生的成长规律。并且德育目标也需要具有不同的级别，因为学生的年纪、性格和年龄等问题，都可以划分为不同的群体，所以我们就可以在德育的时候根据不同的学生群体将目标划分为不同的等级。

以生命为德育的起点和归宿，良好的生命教育也会为德育带来巨大的积极影响力。首先将生命教育运用到高校的德育教育中来可以促进德育回归现实生活，有利于德育方法的升级和创新。其次将德育目标的制定进行级别的划分，不同的群体，有不同的德育目标和德育手段这样也有利于学生整体发展。最后我们通过发现生命的本质和真谛，来达到我们热爱生活、热爱生命、尊重生命的目的。

# 第三节　德孝文化在高校德育工作中的应用

作为中华民族的优秀传统文化，德孝文化源远流长，是千百年来中华民族智慧的结晶，是个人、家庭、社会发展的多元文化核心，对新时代高校德育工作的发展也具有重要作用。将德孝文化资源与高校德育工作相互融合，既是对优秀传统文化的传承，也是提升高校大学生德育素养的必然要求。合理利用德孝文化资源、以运城市德孝文化为依托推进德育工作，有助于提高高校大学生的道德素养。

党的十八大以来，习近平总书记在多个场合谈到中国传统文化，表达了自己对传统文化、传统思想价值体系的认同与尊崇，也多次提到德育工作和文化自信之间的紧密联系。而德孝文化作为中华民族优秀传统文化的重要内容之一，具有很强的生命力与现实意义。运城作为德孝文化的发源地，从 2010 年起，已成功举办八届"中国·运城舜帝德孝文化节"，不仅形成良好的社会效果和广泛的社会影响，而且为运城市各高校大学生德育工作提供助力。如何结合新时代特征，将德孝文化资源融入高校德育工作过程中，是各高校急需解决的问题。合理、科学利用德孝文化资源，依托德孝文化开展德育工作有利于弘扬优秀传统文化与培育民族精神，在实践中提高高校大学生的德育精神。

## 一、德孝文化的内涵

《史记》一书中记载道："天下明德，皆自虞舜始"，这句话是有关德孝描述中最早的记录。舜帝以其贤德孝行而闻名，作为五帝之一，舜帝倡导的为人、持家、做官、治国都是把道德行为作为最根本的基础，也由此为中华传统文化中的道德元素开辟了先河。当前，虞舜文化渐渐整合在一起，成为中国优秀传统文化中的重要环节，而虞舜文化的内涵，也在学术界形成一个共识：舜帝作为五帝中的最后一位帝王，在时间上承接了文明初始到繁荣发展的阶段，其延伸而来的德孝文化主要体现在以下四个方面：

1. 重道德

中国传统社会的发展以伦理道德为根本，而古代伦理道德的开端正是以虞舜文化为基础的，重德治是虞舜文化的重要表现。舜帝推崇"父义、母慈、兄友、弟恭、子孝"的思想，以此为根基产生的仁、义、礼、智、信、忠、孝、悌、勇等儒家思想，贯穿了中华民族的整个发展过程，也深深地影响了几千年来中华民族的思想。在中国的传统社会中，道德舆论的影响力在很大程度上比法律更为深入人心，也因此产生了很多民族英雄。

2. 重入世

入世者讲究以自强的态度面对问题，舜帝耕历山、渔雷泽、迁三苗、扩疆域，举贤任能、禅让帝位等，都反映了舜帝的自我主张，也就是把自己内心的理想与信念表现在现实生活中。以重入世的生活态度去面对现实、解决现实问题是德孝文化的重要体现，这与《易传》"天行健，君子以自强不息"所表达的中华民族自强不息的精神具有异曲同工之义。

3. 重和谐

舜帝的和谐思想表现在"和而不同，执两用中"。主张行教化，通过德行来教人、化人，通过这种方式使人们形成一种和谐的道德精神并扩散成为社会统一的道德规范，以此来维护社会的和谐发展。在教化的过程中，舜帝通过纳谏、惩治奸佞之臣，来达到和而不同的目的，又通过适度折中、反对极端、以理服人来达到执两用中，也就是中庸。折中尊崇"和"与"中"的思想，推动了中华民族天人合一、和谐共处、宽容谦逊等民族精神的形成。

4. 重包容

包容是一种文化源远流长的一个重要特点，也是一种文化生命力的重要体现。虞舜文化与其他任何一种文化一样，通过其包容的特点形成兼收并蓄、多样性与同一性的有机结合。这种兼收并蓄呈现出一种丰富多样的势态，集中表现在三个方面：分别是大陆文化、农业文化、家国同构的封建宗法文化。

## 二、德孝文化的教育价值

山西省运城市以舜帝陵为依托，成功举办了八届"中国·运城舜帝德孝文化节"。各高校以此为基础进行大学生文化节活动，并依托舜帝陵推动德育工作，不仅可以让学生参与实践，也可以形成长期有效的德育工作体系，形成地方院校与地方特色教育资源相结合的范本。

### （一）有利于弘扬传统文化

高校德育工作需要在坚持针对性、科学性、有效性的前提下，充分挖掘、利用区域内教学资源开展教学活动。地方区域性文化资源是构成高校德育工作的重要组成部分。习近平同志指出："认真汲取中华优秀传统文化的思想精华和道德精髓，大力弘扬以爱国主义为核心的民族精神和以改革创新为核心的时代精神，深入挖掘和阐发中华优秀传统文化讲仁爱、重民本、守诚信、崇正义、尚和合、求大同的时代价值，使中华优秀传统文化成为涵养社会主义核心价值观的重要源泉。"

### （二）有利于形成爱国情感

善于运用德孝文化特色资源，使之成为高校德育工作的重要组成部分。大学生通过参与德孝文化相关活动，能从德孝的实践中更加懂得感恩、懂得诚信、准确把握道德素养的内涵，在参与中释放情感、陶冶情操、充实心灵，使其逐渐了解优秀的传统文化，坚定自己的理想信念，提升民族精神与爱国情怀。

### （三）有利于优化课程结构

当前高校德育课程虽然经过不断的改革与调整，但仍然是以讲授为主的课堂对话，缺乏生动性与灵活性，不能很好地引导大学生理论与实践相结合。德孝文化资源的导入不仅具有强烈的历史感，而且可以更加直观地把历史与德育结合起来，在实现了课程结构优化、教学内容丰富以及学生积极参与的同时，也实现了地方特色资源的自身价值。

### （四）有利于拓展教学空间

高校德育工作是一个理论与实践相结合的过程，课堂教学能够给予学生充分的理论知识，学生需要一个真实的环境去把理论付之于实践，在实践中求证与消化。以德孝文化为依托进行高校德育工作，让大学生可以获得一种真实的情感体验，是一种看得见、摸得着的文化痕迹，同时利用德育资源举办相关活动更能有效地把理论知识转化为一种现实的需要，以此促进教学空间多样化，教学方式有效化。

### （五）有利于增强情感体验

利用运城市德孝文化推进高校德育工作有序进行，不仅方便快捷，而且可以有效解决德育工作教学实践困难的问题，在解决问题的同时又可以继续开发利用来形成更有特色的教育资源。这种地方特色资源可以让受教育者身临其境，尤其是面对熟悉地域中不熟悉的历史文化，让大学生观察、触摸、体验历史文化的深厚与伟大，让鲜活的历史再次呈现在大学生面前，增强了德育工作的吸引力和说服力。同时，特定的地方特色资源由于能使教育者与被教育者置身其中、身临其境而具有不可替代的"地域氛围"和近距离的"亲和力"，特别是面对既熟悉而又从未深究的地方文化，大学生可以去观察、考察、调查、体验、访问，在深刻的思想内涵和鲜活的事实面前亲自去感知和体验，增强德育工作的吸引力和说服力。

## 三、运城德孝文化的应用途径

### （一）深化思想道德理论知识

高校德育工作必须始终坚持马克思主义指导思想，牢固树立中国特色社会主义共同理想，不断发扬以爱国主义为核心的民族精神和以改革创新为核心的时代精神，深入践行社会主义荣辱观和科学发展观。在德育工作中，使用教学资源、教学方法，进行教学改革的工作都必须坚定这一宗旨。以运城市德孝文化为依托推进高校德育工作，通过结合"中国·运城舜帝德孝文化节"这一特色，紧密结合实际，通过特定的、现实的实践教学，将具有内涵和历史传承的文化硕果传递给大学生，帮助大学生树立正确的道德观念。

### （二）开展高品位校园文化活动

"中国·运城舜帝德孝文化节"是运城市文化品牌的一个特色，2010 年以来，运城市盐湖区委、区政府充分发挥德孝文化资源优势，以"德政千秋、孝行天下"为主题，以创建德孝实践示范区为目标，以"七进七创"为载体，在全民中深入开展德孝文化实践活动。其中"进高校"是德孝文化节的一个重要环节，各高校根据"中国·运城舜帝德孝文化节"进程相应举办高校德孝文化节，开展一系列德孝文化活动，号召广大师生对德孝文化的学习，加强对德孝文化的理解，在高校形成人人孝敬父母、尊敬师长、关爱社会的良好道德风尚，让学生在德孝文化活动的氛围中得到德智体美劳各方面的均衡发展。

举办"书信贺卡设计制作大赛"，采用"书信"的形式，传递孝心，弘扬德孝精神，使高校大学生从现在开始，身体力行，践行德孝文化。

举办"德孝当道，风华皎皎"征文大赛，提高大学生自身思想道德修养，促进全面发展。

举办"德感天地，孝化人间"朗诵比赛，用大学生喜闻乐见的方式，了解"德""孝"精神的重要性，鼓舜王之操，续先辈之德，比古今之事，思华夏之变，真正践行德孝精神。

举办"绘德彩，展孝艺"作品集，弘扬中华传统文化，继承中华民族的优秀传统美德，通过剪纸、书法、绘画和摄影展示德孝，让学生对德孝有更深层次的理解。

举办"弘德扬孝，智启河东"知识竞赛，提高大学生道德意识和加深"百善孝为先"的理念，真正让大学生在学习文化知识的同时，不忘德孝，努力成长为一名德智体美劳全面发展的人才。

举办"大话德孝"话剧比赛，通过话剧、情景剧、舞台剧、小品、相声、双簧等多种表演形式，在语言、动作及情感上来展现当代大学生的风貌。

### （三）形成德育工作长效机制

各高校举办校园文化节可以在短时间内掀起德孝文化的热潮，但是当文化节过后，德育工作依然需要不断渗透，建立长期有效的德育工作机制是十分重要的。

高校需要搭建一个固定平台，统筹协调好学生学习工作与德育工作，把大学生社团与舜帝陵特色资源结合起来，形成固定的德育工作基地。在节假日组织学生去舜帝陵参观、学习、感悟历史，让德育文化在实践中得到释放，让学生在轻松的过程中升华自身的道德品质。

随着科学技术的发展，网络与新媒体已经成为人们学习和生活不可或缺的助手，青年大学生更易于接受新鲜的事物，愿意通过新媒体媒介去接触知识、学习知识。高校可以设立微信公众号、微博号，每天通过多样的内容呈现给学生与时俱进的德育知识，由此形成更愿意让学生接受的知识。

### （四）完善德育工作体系

1. 坚持以人为本

高校德育工作应该把学生的主体位置放在第一位，以平等的方式进行交流学习。以德孝文化为依托的大学生德育工作更加应该去引导学生的自主活动，不能生搬硬套活动模式，为了完成任务做表面文章。德育活动中应该发挥学生的主观能动性，以引导为主，让学生自行设计、组织、安排活动，让每一位同学都参与进来，给每一位同学一个展现自己的机会，让学生在自己想要的活动环节中投入情感、产生内心世界的共鸣。

2. 坚持走向社会

德孝文化活动的过程中，高校的德育活动必然会和"中国·运城舜帝德孝文化节"进行对接。在此过程中，高校应该让大学生积极融入社会活动，如社会道德楷模的选举、老年照料中心的建立、孝星选举活动、德孝文化志愿队的建立，都能让学生在相应的社会活动中感悟德育的魅力，把自己置身于整个社会中换位思考，在推动个体道德水平进步的同时，实现社会道德水平的进步和发展。

3. 坚持及时总结

高校德育工作是一项系统性工作，高校教师不仅担负着讲授、指引、组织大学生的工作，还必须对大学生设计的一系列活动提出相应的意见，帮助大学生更好地进行各项德孝文化活动。在活动结束后，教师应该积极参与讨论，发现问题、解决问题，通过总结去推动下一步工作继续进行，同时也可以让德育工作效益最大化。

4. 坚持与时俱进

时序更替，思想先行，大时代尤其需要大智慧。高德育工作应符合习近平新时代中国特色社会主义思想，按照习近平同志因事而化、因时而进、因势而新的要求，不断发现学生自身特点，总结德育工作规律，继承和发扬中华优秀传统文化，充分利用德孝文化的特点，结合时代特征，勇于创新、勇于探索，形成具有地方特色的德育工作体系。让学生在德孝文化的氛围中实现道德素养的提升，为实现中华民族伟大复兴的中国梦打下坚实的基础。

总之，利用德孝文化资源是高校德育工作的有效手段，在培养大学生道德品质的过程中具有不可或缺的作用，运城市各高校应该充分把握德孝文化的这张牌，加速推进大学生德育工作，进一步提高德孝文化资源的育人功能。

# 第四节　大学精神在高校德育工作中的应用

　　大学精神是大学文化的精髓和灵魂，它反映了一所大学的理想和宗旨。大学精神是对大学生进行思想道德教育的一笔丰厚德育资源。优良而健康的大学精神在高校德育工作中具有导向、陶冶、净化、激励和聚合等德育功能，是我国高校德育教育的优良载体。探讨大学精神的独特内涵和德育功效，对大学培养具有健全人格的高素质人才具有重要意义。

　　大学生是未来社会的中坚力量，是推动国家发展的精英群体。对大学生开展德育教育，使其具备良好的思想道德和文化素养，是高等教育的责任和使命。这不仅关系到整个中华民族的素质水平，而且关系到整个民族的希望及未来。近些年，大学生德育问题引起了人们的普遍关注。大学生道德问题频现，与其所处社会的经济制度、文化观和价值观等是分不开的，而大学德育工作也难辞其咎。整合大学中的一切德育资源、创新大学德育的思路和方法，实现大学德育的理念与目标，已成为高校德育工作必须思考的现实问题。

## 一、大学精神界说

　　一个人不能没有精神，一个国家不能没有精神，一所大学更不能没有精神。大学精神是大学在长期的发展中逐步孕育形成的具有独特气质的精神特征，它反映了一所大学始终恪守的办学理念、社会追求、价值取向，是一所大学的支柱、基石、精髓和灵魂。大学精神无论是对大学自身的发展，还是对整个社会的发展，都起着十分重要的作用。1940年，杰出教育家汤用彤致胡适的信中，这样来陈述大学精神："世界著名大学，必有特殊之精神及其在学术上之贡献。若一大学精神腐化，学术上无长处，则实失其存在之价值。"大学精神是一所大学的生命力源泉与立世之本，具有鲜明的导向、维系、聚合的作用与功能，能保证整个学校良好地运行，并引领大学朝着积极、健康的方向发展。芝加哥大学校长赫钦斯说："任何时候，大学都是在统一的精神下运作的。只有大学精神才能使大学作为一个社会组织结构始终存在，大学组织本身才得以正常运转。"大学精神对大学发展的影响是无形的，又是具体的。一旦大学精神缺失，大学在人才、思想与知识的产出上都难以取得显著的成效。

　　毋庸置疑，每所大学都有其独特的精神。虽然在表述上各不相同，但其核心要旨是一样的，即办什么样的大学和培养什么样的人的问题。大学不仅承担着创造知识、传播知识、传承文化的任务，更要以培养人才为己任，崇尚德才并举。立足大学共有的任务和使命，大学精神亦有共同的特征。其一，学术自由精神。大学作为创新知识的重要基地，必须被赋予学术自由，有知识上自由的交流。任何横加的束缚和干涉，都会影响学术的繁荣。

只有学术自由，学术才能得到蓬勃发展。法国哲学家德里达在复旦大学演讲时指出，大学存在的使命和理由就是："无条件地信仰、表达和传播真理。"其二，开拓的创新精神与科学的批判精神。大学不仅承担着传播知识、传承文化的任务，更担负着追求真理、引领文化，向社会输送人才的重任。大学只有具备创新与批判的精神，才可以迸发出最璀璨的知识光辉，培养出最具创新性的人才。其三，育人精神。大学是培养人才的摇篮，其最为根本的任务是育人。何谓育人？大学不但要教育学生如何认知，如何做事，更重要的是要教育如何做人。蔡元培曾在《教育独立议》中指出："教育是帮助被教育的人，给他能发展自己的能力，完成他的人格，于人类文化上尽一分子的责任；不是把被教育的人，造成一种特别器具，给抱有他种目的的人去应用的。"育人的重点是育德，即培育学生德、智、体、美的全面发展，树立正确的人生目的、人生理想，引导学生敢于奋斗，善于成才，使我们的大学生成为对国家与民族有责任感的人，成为理想远大、坚持真理、勇于创新、自强不息的人，成为知行统一、脚踏实地的人，成为具有远见卓识、品德高尚的人，成为人格健全、德才兼备、全面发展的人。

我国大学经过历史的传承与发展，所凝结的爱国、民主、科学、自由和创新等精神得到了多数学者的赞同，被视为大学精神的一般共同特征，是大学精神的基本内容，也是理解大学精神的核心。

## 二、大学精神的德育功效

长期以来，我国大学德育工作，主要把精力放在对道德观念、道德规范等道德知识的阐释上，一味地把思想道德理论灌输给学生，以宣传或说教的方式进行道德教育，忽视了大学自身与学生道德养成的关系，这导致大学德育工作成效甚微。清华大学前校长梅贻琦先生在《大学一解》一文中写道："学校犹水也，师生犹鱼也，其行动犹游泳也，大鱼前导，小鱼尾随，是从游也，从游既久，其濡染观摩之效，自不求而至，不为而成。"大学不仅是大学生学习与生活的场所，更是大学生的精神家园。一所大学的精神与梦想、风范和气度，对学生行为塑造与养成的功效是无形的。大学精神作为大学最具典型意义的精神特征，反映了一所大学的凝聚力、感召力和生命力，具有导向、陶冶、净化、激励和凝聚等德育功能，是我国大学德育的优良载体，在高校德育中具有不可替代的功能。

其一，熏陶和净化作用。学生在学校更重要的是感受一种文化熏陶，大学精神对学生的影响是潜移默化的。大学精神不仅是一种观念的存在，它还物化于大学的系统之中。学校的学术氛围、校园景观、校风、教风、师德、师风、各项规章制度、教学管理方式等，这些都是大学精神的重要文化载体。以先进的大学精神为核心，构建高品位的大学环境与文化氛围，能让学生在这种氛围中感悟、理解、思考，进而提升人格，完善自我，升华灵魂。其二，价值导向和规范作用。大学精神是一种价值信仰、理想信念，是全校师生共同为之努力奋斗的共同理想，为全体师生发展提供了强有力的、稳定的精神支撑。大学精神为大学生提供了正确的价值导向和高尚的精神导向，它以价值观念和行为规范的形式，规范与约束大学生的行为，向学生明确怎样做事、怎样做人，以此影响他们的价值取向。其三，凝聚和激励作用。理想表达了人们对美好生活的向往，有了理想才能让人们认清方向。大学精神以其薪火相传的文化灵魂和精神理念，表达了全体大学师生的共同愿望和期待，并将全体师生凝聚起来。有了大学精神，大学的全体成员就有了强大的凝聚力和向心力。昂扬向上的大学精神不仅为全体师生指明了发展目标，形成学校可持续发展的凝聚力和向心力，而且能给人以信念的支撑，能有效地激发、感召学生的信心和热情，达到让学生全面发展的目标。

大学精神与高校德育工作紧密联系，二者相互促进、相互补充。大学德育要借助大学精神而深化，而大学精神又依赖大学德育而绵延。大学精神是大学德育的优质土壤，忽视对大学精神的培养，会影响德育总体目标的实现。特色的大学精神，在培养学生坚定的科学信仰、高雅的文化修养、高尚的道德操守、高度的社会责任感等优良品质方面发挥着重要的作用。

## 三、新时期德育视域下的大学精神建设

提升具有时代感和生命力的大学精神，努力建设高品位的、符合德育发展的大学精神，是高校的重要任务。基于当今时代的特点和高校德育教育的需要，在新的形势下，大学应该积极培育具有如下三个方面鲜明时代特征的大学精神：

第一，大学在展示自身特色大学精神的同时，应体现时代特点。大学不是一个孤高的象牙塔，它身在社会与时代之中。伟大的时代，需要伟大的精神。党的十八大报告中提出："大力弘扬民族精神和时代精神，深入开展爱国主义、集体主义、社会主义教育，丰富人民精神世界，增强人民精神力量。倡导富强、民主、文明、和谐，倡导自由、平等、公正、法治，倡导爱国、敬业、诚信、友善，积极培育和践行社会主义核心价值观。"大学是时代的表现，是社会的缩影，更是社会的未来。大学精神是文化的传承，也是时代精神的表征。大学精神可以有自己鲜明的特点，但应和中国梦、中国精神是一体的，这是当代中国大学精神的核心和灵魂。作为社会文化精神的引领者和风向标，新时期的大学精神应以社会主义核心价值体系为根本，牢固树立起以爱国主义为核心的民族精神和以改革创新为核心的时代精神，并将社会主义核心价值体系贯穿建设与发展的全过程。大学只有把大学精神与国家和民族事业的发展紧密结合，才能真正为祖国建设培养有用之才、栋梁之才，为实现中国梦奉献智慧和力量。

第二，要高度重视人的建设，树立人文精神，实现高校德育的价值目标。大学以培养人为天职，人是大学教育的中心，也是大学教育的归宿。大学精神的首要精神应该是人文精神。所谓人文精神，是对人的价值和生存意义的关怀，表现为对人的尊严、价值的尊重，对全面发展的理想人格的肯定和塑造。大学对人的培养应该是全面的，并非只培养学生掌

握科学工具，教给学生一种技能，更应注重人文思想的滋养，使学生的德行和智力得到完善和发展，达到全面育人的综合效果。改革开放以来，科技发展、市场经济竞争等社会因素都影响着教育的展开，一种带有实用主义价值取向的教育方式流行起来。一些高校为了迎合市场需要，将大学视为传授科学知识与技能的主要场所，社会责任、民族使命、道德伦理等人文培育被忽视。这是与大学德才并举的培养要求相悖的。当代大学生具有丰富的专业技术知识，而人文知识相对匮乏，这与高校的教育模式不无关联。这不能不引起我们对高校人文精神的关注和思考。无论时代怎样发展，培养"格物、致知、正心、修身、齐家、治国、平天下"这一大学理念不能丢。教育不仅具有发展科技、振兴经济之类的强烈功利价值，也具有人伦教化、文化传递等人文价值。注重人的全面发展，恢复大学的人文性，丰富大学生的精神世界，使大学生能抵抗各种诱惑和冲击，成为精神和谐、人格健全的一代新人，是当前教育亟待解决的问题。

第三，树立大学精神的德育理念，以其凝聚各方德育资源，建立健全与大学生成长成才需要相适应的德育体系，以形成整体德育格局。高校德育是一项系统工程。大学精神作为一所大学师生共同的核心价值取向和理想追求，切实存在于大学的各种活动和各种文化载体中，具有宏观统领作用，是大学整体氛围的体现。树立大学精神的德育理念，引领积极、健康高雅的校园文化形成，是高校德育工作取得实际效果的重要保证。这就要求我们要做到，以多元的校园文化生活，给高校德育工作注入活力；以高尚的师德、师风引导学生全面发展，形成健全的品格；以人文的学校制度文化，为学生提供理性的行为规范，完善德育途径；以高品位的校园物质文化，以有序、合理、优美的校园环境，陶冶学生性情，实现环境育人。通过大学德育精神的树立，对德育工作进行系统规划，充分发挥校风、校训、教风等大学文化的情境熏陶、陶冶、渲染、渗透作用，从而将抽象的说教理论寓于具体生动的学习中，能使广大青年学生自然地接受无形的道德规范，达到行为养成的功效，这是大学德育创新的重要任务。

大学精神作为一所大学的灵魂，是一种独特的精神力量和文化力量，是大学德育的重要资源。利用这一丰厚的德育资源，充分发挥大学精神在德育方面塑造人、规范人、指导人的作用和功效，培养具有健全人格和创新、创业精神的高素质人才，对大学德育具有非常重要的意义。立足大学精神的培育和弘扬，重视大学精神德育功能的发挥，以此创新德育思路和方法，是推动高校德育工作发展的一个重要途径。

# 第五节　博客在高校德育中的价值及应用

博客的英文名为 Blog，该词来源于"Web Log"即网络日志的缩写，指的是一种特别的网络出版和发表文章的方式，倡导思想的交流与共享。与传统的网络日志相比，博客的精髓就在于，博客写作者并不是单纯地表达个人的思想和个人的经历，而是以整个互联网为视野，在与他人进行交流的过程中，为他人提供帮助，从而使自己的博客具有更高的共享价值。博客以其独特的个性特征和运作方式得到众多大学生的青睐，引起德育工作者的极大关注。

## 一、大学生博客的特点

博客作为网络沟通工具，除了具有沟通功能外，还具有个人性、自由性、平等性、互动性、时效性等显著的特点，大学生博客因其写作主体（博主）的不同又具有新的特点。

语言优美直接。许多大学生的博客，文字优美、文笔流畅，特别是那些爱好文学写作的大学生，读他们的博客犹如清风拂面，新鲜无比。他们在表达自己的思想观点时，往往是坦率直白，真实直接地写出自己内心的感受。

内容丰富多彩。当代大学生虽然身处校园之内，但是他们关注着社会，在自己的博客上对时事进行评论，对社会百态发表自己的看法。同时，情感的表达也是大学生写博客的主要目的。博客是个人心声的表露，是情感宣泄的一种方式，博主希望自己的心情能与别人产生共鸣。

新型交往方式。大学生进行博客写作，在感情得到宣泄的同时，也结交了更多的朋友。在他们的博友圈子里，既有自己现实生活中的朋友，也有通过网络结交的有着共同兴趣爱好的真正的"博友"。博友之间的"串门"，使大学生体味到这种全新的交友方式带来的乐趣。

## 二、博客的德育价值

通过对大学生博客的分析研究，我们不难看出，博客作为一种新型的网络沟通工具，正潜移默化地影响着大学生的生活方式、思维方式以及他们的价值观念，因而德育工作者应重视博客本身所具有的德育价值，充分发挥博客的德育功能。

### （一）博客有利于大学生道德主体的培养

在对大学生博客进行跟踪调查后，笔者发现，博客在一定程度上培养了大学生的道德主体意识，使他们能够在自主与开放的网络中进行道德自决，能够在道德上把持自己。博客产生之前的网络沟通方式，由于存在自主性与匿名性的特点，使网络生活缺少了束缚与监管，产生了大量不道德的网络行为。但是在大学生的博客交往中，由于"博友"主要来自现实生活中的朋友，或是通过网络结交的有着相同兴趣爱好的朋友，为了维护自己博客的纯洁度，为了维持与博友之间的友谊，大学生必须对自己的言行负责，做一个品德良好的博客，这在一定程度上增强了学生的道德观念。

由于博客所倡导的思想共享性以及博客本身所具有的强大的交流功能，往往一篇日志能引起十几篇乃至几十篇的回复。他们在博客中充分地表达着自己的观点，并与和自己持相反意见的博客展开讨论，而大学生的道德水平也在思想的碰撞中不断得到提高。

### （二）博客有利于大学生坚韧性格的养成

博客写作就如同日记一样，既然是日记就需要每天都有所记录，并能持之以恒。但是许多大学生或多或少存在惰性，三天打鱼两天晒网，他们在走向社会之后，必然要面临巨大的压力和残酷的竞争，如果不能学会有始有终，将对他们日后的工作、学习和生活带来负面影响。因此博客写作是对个人毅力的一种考验，通过每天坚持记录自己的所思、所闻、所悟，不仅能提高大学生的逻辑思维水平，还能锻炼大学生的毅力。一位大学生在自己的博客中写道："博客让我学会坚持，让我明白，生活就像那句广告词一样'坚持就是胜利'。"

### （三）博客有利于大学生人际交往能力的提高

近年来，大学生人际交往障碍的现象引起了社会广泛的关注。有专家统计，大学生人际交往障碍主要表现为，自卑、孤僻、不善于言谈、对他人冷淡、不喜欢参加社交活动等。当大学生因为孤僻而通过博客来发泄自己情绪的时候，他们发现博客上竟然有与自己处境相似、经历相同的人，这种生活中的共同之处让他们有话可谈、有心可交。大学生通过博客诉说着自己的苦恼，也通过博客交换着各自的大学生活。而在这种交流中，他们渐渐明白，在人际交往中应多一分宽容，少一分责备，多一分关怀，少一分冷漠。当他们带着这份领悟回到现实生活中时，他们发现，一个微笑往往能化解多日的矛盾，真诚的交流也往往能换来对方的谅解。因此，大学生通过博客学会了宽容，学会了交流，人际交往能力也随之提高。

## 三、博客在高校德育中的应用

博客作为一种新的网络媒介，在很大程度上改变了人们的信息传递方式和接受心理，对大学生的影响也在日益彰显。高校应当积极应对大学生所面临的新形势和新情况，让博客成为高校德育的新载体，主动占领网络思想政治教育的新阵地。要利用校园网为大学生学习、生活提供服务，对大学生进行教育和引导，不断拓展大学生思想政治教育的渠道和空间。在博客载体建设的过程中，应该立足为学生服务这一出发点，提供深受学生欢迎的信息和辅导服务。

### （一）个人博客

高校辅导员博客。辅导员是与学生打交道最多的老师，对学生的个性特点、家庭状况、学习情况和人际关系状态等都比较清楚，在学生德育中起着重要的作用。辅导员建立自身博客，针对社会存在的热点问题、敏感问题、关系到学生切身利益的问题，辅导员要积极有效地引导；同时，辅导员可以通过博客上的动态记录及时了解学生的思想情况，通过博客可以敞开心扉地与学生进行心与心的交流，对学生有针对性地进行教育指导。

政治理论课是对大学生进行思想政治教育的主渠道，要多形式地拓展思想政治理论课的作用，需要政治理论课教师的不断努力。政治理论课教师建立自身的博客，可以突破时间和空间的限制，有利于与学生进行互动交流，让学生在课堂上不便说的想法在博客上真实地表露出来，让不同思想在碰撞中得到升华。教师可以利用网络的特点，增加在课堂上没有讲授的内容，拓展学生的知识面。

### （二）功能性博客

这里所谈的功能性博客主要是指高校有关部门以为学生服务为目的，系统、全面地将相关知识通过"博客"形式传授给学生，及时了解学生的需求动态，帮助学生解决实际问题。

心理博客。大学生的心理健康是全社会共同关注的话题，许多大学生非常需要得到及时的心理辅导，而现有的心理咨询受师资力量和场地等因素的限制，不能满足学生的需求。而通过建立心理博客，适时发布心理学知识及心理案例，让广大学生掌握心理学知识，培养良好的心理素质，调节自身的情绪状态。

勤工助学博客。随着我国高等教育招生规模的扩大和学生总量的快速增长，高校贫困家庭学生的数量增加较快。如何帮助家庭贫困学生顺利完成学业是一个重要且迫切需要解决的问题。勤工助学是解决经济来源的渠道之一，也是大学生社会实践和专业实践的好形式。通过勤工助学，学生培养了自强、自立的精神、减轻了家庭负担、锻炼了自己的能力。建立勤工助学博客，为学生提供可靠的勤工助学信息，通过博客，学生之间可以相互交流，相互帮助，既可促进勤工助学的顺利开展，又保证学生的安全。

就业辅导博客。随着就业市场竞争加剧和就业制度的改革，当前，就业问题将成为高校毕业生所面临的严峻的问题。为此，通过建立就业辅导博客，及时迅速地提供就业信息、就业经验，并可通过博客对学生进行职业观、职业道德以及社会责任感的教育。

此外，还可针对不同学生的特点，建立各种功能性的博客，如学习辅导博客、考研博客、考公务员博客、娱乐博客等等。

博客为高校德育开辟了一片新天地，指引了一条新航线，尽管博客中还存在着各种各样的问题和不和谐的因素，但因其自身所具有的传播特色和自我教育功能，使得它能够而且也应该成为高校德育的新载体。

# 第六节 混合式教学方法在高校德育课中的应用

混合式教学能够打破传统德育观念的束缚，将知性德育与生活德育相结合，更深度地开发和利用新的德育教育资源，不仅增加了德育课的针对性，还提高了德育课的感染力。高校德育课作为大学生思想政治教育的主阵地，在德育课教学中应用混合式教学方法是至关重要的。

随着时代的进步，网络通信技术的日新月异，人们获取知识的途径变得多样化，课堂学习也变得多样化。现在这个通信发达的时代，学习不仅局限于师生之间的教与学，更多的是能够通过线上平台进行对话，传统的教育方式，已经不能满足人们的教学需要，在德育教学中也是如此。因此，混合式教学模式应运而生。

## 一、混合式教学的概念

所谓混合式教学指的是将传统的教学与网络教学相结合，教师集体讲授德育知识，学生自主在网络上学习相关的知识，将网络教学与实践教学完美结合，将不同的学习理论、学习环境、学习资源、学习方式等相互融合。

混合式教学具体来说就是将线下的课堂教学与线上的网络教学相结合，教师在线上给学生发布相应的学习任务，分享相关的学习资源，布置作业，学生可以借助网络平台，学习相关知识，线上提交课堂作业，同时还能直接通过网络平台向教师提问、互动。线下，教师可以起引导作用，提供线上的学习通道，使学生能够完成相关的学习任务，这样线下和线上的学习方式相互结合，能够激发学生创造性的学习，帮助学生有效地学习知识，最终能够保证学习效果。

## 二、当前高校德育课面临的现状

### （一）课堂教学效果不理想

虽然高校德育课教师都在积极改进教学方法，提高教学效果，但德育课教学仍主要以教师讲授为主，学生被动接受，师生之间缺乏互动性，缺乏交流，导致学生的注意力长时间集中比较困难，最后的状态就是教师讲课累，学生听不进，积极性不高，课堂效果不理想。

### （二）大班教学使教师不能完全了解每一个学生

目前各高校的德育课绝大部分都是大班教学，通常几个行政班拼成一个大的课堂，人数 80 ~ 100 人，对于这样的大班教学，由于学生人数过多，使教师不能顾及每一个学生，并且教学组织有一定难度。

### （三）学生的课堂注意力受新媒体影响

现在大学生中基本每人一部手机，大部分学生会在枯燥乏味或者缺乏管理的课堂使用手机，从而成了低头一族；另外，当前，信息传播快速，人们通过网络获得信息，"95 后"和 "00 后"的大学生算是久居网络，一些学生从网络获得的信息较广泛，获得的途径更多，这些能力远远超越了教师，如何让课堂内容丰富有吸引力而不陈旧，如何让手机等新媒体更好地应用于课堂教学，成为当下德育课教师需要思考和实践的问题。

## 三、混合式教学在高校德育课上的运用效果

### （一）打破传统教育模式

混合式教学在德育课堂中的运用打破了原有的教育理念，线上的学习能够使学生接触

更多的知识，能够将德育教育转化为德育知识，线上的知识学习与线下的实践学习相互结合起来，最终完成德育认知与习惯养成，做到知行合一，做到将德育知识与现实生活相结合，使德育教育更加贴近现实生活，更容易被学生所接受。

### （二）资源开发更加深度

重视优秀文化，德育资源对国家和人民具有深远影响，也蕴含着不可估量的价值，是中华民族的灵魂与血脉。混合式教学的运用为德育资源的深度挖掘提供了相应的条件，运用通信网络技术，学生通过线上的学习，能够多方面地检索知识，同时也能根据自己的兴趣来挖掘德育资源，大大提高了学生的学习效率。

### （三）创新德育教育途径与方法

课堂一旦变得枯燥无味，学生就无心学习，混合式教学模式的运用，增添了德育课的生机与活力，德育课从呆板的线下教育走向直观生动的线上教育，从德育认知走向德育自觉。例如，混合式模式的线上教学有音频、文字、视频以及丰富的演讲等，学生接受知识时能根据自身的特点来选择学习的方式，从而增加了学习的趣味性，提高了接受知识的能力。

### （四）理念创新化

混合式教学可以说是一种创新的教学模式。高校也有着创新的教学理念，其目标也是很明确的，德育课学习变得目标化，更加贴近学生的需要，以人为本的思想理念掺杂其中，全方面地为学生考虑，根据学生的实际情况采用不同的教学模式，这不仅是对德育知识的尊重，也能提高学生的学习效率。

高校德育课中运用混合式教学方法，能使学生结合线上学习相应的德育知识，获取知识的方式变得多种多样，最终能够达到提高学生的学习效率、广泛传播德育知识的目的。但同时我们也要看到混合式教学面临的挑战，德育课教师应该思考如何更好地做好线下的课堂教学，如何提高德育课的有效性，从而使高校的德育教育真正地发挥思想政治教育主阵地的作用。

## 第七节　罗尔斯正义原则在大学生德育评价标准中的应用

大学生德育评价是大学生思想政治工作中不可或缺的环节，而德育评价标准是整个德育评价工作的关键和核心，所以构建一个公平正义的评价标准就成了大学生德育工作的首要任务。本节借鉴罗尔斯的正义原则，特别是平等自由原则和机会的公平平等原则，探索出在德育评价标准的构建中，要照顾到大学生的差异性和多元化的发展，实施学业因素与非学业因素评价相结合的方式。同时，赋予大学生自由平等的权利，让他们也能真正参与评价过程，实施自我评价与民主评价相结合的方式，促成德育评价工作更加科学合理的展开。

德育评价指的是依据预设的德育要求和目标，运用一定的评价方式和手段，参考相关的评价标准和准则，对受教育者的德育效果所进行的价值判断。对大学生的德育水平进行总体上的评价是大学生思想政治工作中不可或缺的一个环节，它能够指导未来德育发展方向，调节德育教育过程，同时能够有效地反馈德育效果，并能积极引导学生的思想或行为，起到强化或抑制作用。在德育评价的过程中，也能使大学生进行客观、全面的自我检测、自我调节、自我完善。从更高的层次上讲，德育评价更能推动德育工作朝着科学化方向发展，并不断提升德育工作的实效性，对调整高校人才培养的方向起着积极的引导作用。

当前，各个高校对大学生德育评价工作十分关注，但是，当前由于大学生的德育评价标准的瑕疵而导致的一些现状却是不容乐观的，如德育评价采取的标准单一，学业成绩占比重过大，学生德育行为趋向功利化等等，这些已经偏离了我们搞德育评价的初衷。如何有效地破解这一难题，建立一个全面、客观、公正的评价体系，是摆在我们面前亟待解决的难题。而要解决这一难题，核心就是要构建一个公平正义的评价原则，而罗尔斯针对宏观社会构建提出的正义原则就颇有启发意义。

"第一个正义原则：每个人对与所有人所拥有的最广泛平等的基本自由体系相容的类似自由体系都应有一种平等的权利。第二个正义原则：社会和经济的不平等应该这样安排，使它们（1）在与正义的储存原则一致的情况下，适合于最少受惠者的最大利益，（2）依系于在机会公平平等的条件下职务和地位向所有人开放。"简单地说，第一个原则就是平等自由原则，也就是说，每个人都享有平等的基本自由的权利，在社会分配中应平等地分配权利和义务。第二个原则是差别原则，包含了最少受惠者最大利益原则和机会公平平等原则，这指的是无论人们在社会生活中身处何种地位，都拥有平等的竞争机会去从事相应的职位，以及获得相应的生活前景。当然，为了弥补现实生活中因为天赋以及社会背景所造成的差异，罗尔斯想尽量通过某种补偿向最少受惠者倾斜，尽量实现最大的平衡。这两个正义原则突出了在社会分配中对平等自由、机会均等的要求，这对大学生德育评价标准的确立有很大的积极意义。

在罗尔斯正义原则的指导之下，建构大学生德育评价标准应注意以下几方面：

## 一、评价标准要实现针对所有的人的平等

这里牵涉到评价标准的正义性。我们都知道，每个个体都具有现实的差异，如个人品质、行为风范、兴趣爱好等等，这些对他们来讲是尤为珍贵的，并对他们未来的发展起着十分重要的作用。所以，每个社会成员个体都应得到平等对待，尤其是处于人生关键转型期的大学生，他们思想活跃，发展多元化，可塑性强，作为大学生思想政治教育工作者，应当给予每一个大学生多方面的关注和关怀，积极鼓励并激发这些差异化、多元化的发展，特别是对他们的德育评价标准必须公平和客观。但在实际工作中却并非如此。在大学校园

里，现在也不断在延续一贯的教育体制，对所有学生实行单一的规格要求，虽然在高校德育评价标准中涉及政治素质、思想素质、道德素质、法纪素质等方面，但是多数情况下都流于形式，在进行大学生德育评价的过程中，评价结果还是倾向于学业因素，倾向于那些学习成绩好的同学。究其原因就在于，像政治素质、思想素质、道德素质、法纪素质等，没有一个可量化的标准，不好评价哪位同学在这些方面高出一筹，而学习成绩则是一个精确量化的数据，评价起来更直观、更便捷，于是人们倾向于以学习成绩定输赢，"学业优胜"也就顺其自然成为评判一个学生是否优秀、是否成功的唯一标准。在这种情况下，很难顾及在除学业以外的其他领域有特长的学生，让大学生很难在"我们不同，但我们都好"这样一个高度包容、高度平等的环境下多元化发展，并得到相应的肯定，这些就阻碍了德育评价标准针对所有人的平等。而如何解决这一难题，就需要借鉴罗尔斯的"原初状态"理论，即通过假定每个人都处于一种"无知之幕"下，也就是对人的出身、天赋、社会地位、后天习得能力、善恶是非观念、经济状况等各个方面一无所知，在此之下就能保证建立起一种程序上的公平，在这种公平的指导下，任何被一致同意通过的原则必然是正义的。如果我们每个人都处于这种"无知之幕"下，主动清除一些可能对人造成偏见的某种背景知识，恢复到那种"原初状态"，进而去对大学生进行德育评价，那么德育评价的标准就不会因为成见的干扰而难以实现其公平正义，从而使每名大学生都能在德育评价中，处于同一起跑线，并且享有公平的利益分配份额。

## 二、进一步明确德育评价主体范畴，让评价主体拥有广泛的平等自由权利

在此之前，笔者说过，当代大学生最大的特点就是思维活跃，他们通过活跃的思维活动，在内心形成一种对德育教育的认同感，从而主动地去接受德育教育，并进行德育评价。他们不喜欢被束缚，被单一的当成一个被动的接受者，更希望能主动的参与德育评价工作，最大限度地去展现自己，发挥自己的主体作用。但在现实德育评价的过程中，起主导作用的却是教师，大学生仅仅只是德育评价的客体和对象，从而忽视了学生自己的主体作用，在这种情况下也就不能切实保障大学生最大的平等自由权利。由此，我们应该转换德育评价思路，将现有的德育评价主体从教师扩展到教师与学生共同参与，真真正正让大学生自己融入进来。这里主要是参照了罗尔斯的正义原则，他要求给予每个成员平等自由的权利，结合我们的德育评价工作，就是让大学生都能积极参与德育评价的活动，享有这种自我评价和评价别人的权利。在确立了这一指导思想下，笔者总结出最好的评价方式就是自我评价与民主评价相结合，这样才能实现自我认知和客观评价真正有效的结合。自我评价是自我意识的一种表现形式，是指评价对象依据一定的德育评价标准，对自己的德育行为和德育表现进行评价鉴定的活动。自我评价能够使大学生认识到自身的优缺点，充分发挥自己

在德育实践过程中的主观能动性，将德育的外在要求转化为内在动力，把真善美等德育品质内化，发挥德育评价的激励导向作用，真正使德育评价工作成为大学生自我教育、自我调节的有效方式。民主评价则是指在德育活动中的所有成员，依据客观的评价标准，共同对某一评价对象的日常德育表现做出评价鉴定的活动。民主评价能多方面的考察被评价对象，评价结果能够更全面、更客观。但为什么一定要把两者结合起来呢？原因就在于日常生活中，人们总会有种惯性，喜欢拿放大镜看自己，拿显微镜看别人，这样就会自觉不自觉地放大自己的优点，同时也放大别人的缺点，不能对自己形成一种正确、客观的认知，当然也不能全面地看待别人的优点和缺点。所以，笔者强调自我评价和民主评价相结合的方式，使两者相互补充，相得益彰，这样才能最大限度地实现德育评价的客观性和民主性，从而达到育人的目的。

综上所述，在实施德育评价过程中，不仅要采用正义的评价标准，真正贯彻学业因素与非学业因素相结合评价，注重对大学生实际能力的考察，保证每一个评价对象都能得到平等的对待，同时还要赋予大学生更多的平等自由权利，保证每一个大学生不仅作为被评价者，也能作为一名评价主体参与德育评价的工作，使大学生德育评价工作更为科学合理。

# 第五章 立德树人视域下高校德育工作研究

## 第一节 "立德树人"新时代要求下的高校德育工作

国家的飞速发展，不仅仅需要的是科技的发达，更需要有与之匹配的人才，在各方面与时俱进的同时，要从学生时期就强抓素质教育。当前的社会已经踏入了新经济时代，所以对高校的德育工作教育也提出了更高要求，"立德树人"是当今新时代教育工作的目标和策略，并坚持以学生为中心，因材施教，不断推进教育行业的创新和进步。

素质教育是我国多年实施的一项教育任务，是教育工作者身上的一项重任。随着我国国情的发展，高素质不仅需要某个人或者某部分人做到，而且需要全民参与到其中，让素质教育覆盖全国，从道德层面、文化层面、身心层面以及审美层面全方面下手，将素质教育放在教育的首位。俗话说"成人先成才"，只有从素质和做人方面打好根基，才能更好地发展文化教育。在一些西方国家，素质教育的实施已经执行了很多年，而我国还处于发展的起步阶段，有待进一步借鉴和学习国外的先进经验。

### 一、立德树人和高校德育基本理论相关概述

#### （一）高校立德树人内涵

随着社会的发展，人类的进步，人们的思想也在提升，人们的价值观也发生了改变，人们的道德规范也在不断地更新，"立德树人"这一概念也在不断地更新，它是教育的根本，特别是高校一直都倡导"立德树人"。

首先，立德树人的主要任务是树立师德。教师的主要任务是教书育人，育人就是树人，教师是人类的工程师，是学生成长路上的引领者。在新时代要求下，高校立德树人可以从两个方面来说，一方面是从个人层面来说的，是小层面上的，包括职业道德、社会公德、个人品德以及家庭美德。另一方面是从国家层面来说的，是在新时代背景下，以马克思主义为指导，树立自己的远大理想和坚定信念。高校是培养人才的摇篮，新时代要求高校立德树人，培养学生全方面发展，从德智体美劳四个方面发展，为国家培养栋梁，培养出新时代接班人。

其次，高校立德树人要坚持凸显特色。高校的主要任务就是对学生的教育，不仅包括

知识文化教育，还包括思想教育，也就是我们常说的意识形态，在关注学生成为国家栋梁的同时，还要注重对学生思想政治上的教育，在新时代的要求下，高校办学的宗旨应该是"立德树人"。"办一流学校，办有特色的学校，在发展中办好高校，必须在特色上下功夫"，习近平总书记曾经说过这样的话。

在新时代的要求下，高校必须注重特色教学，培养出有中国特色的学生，让学生的思想政治觉悟优速提高，学习先进的教育教学理念，把立德树人作为学校的办学宗旨，不断创新自己的教学模式，争创具有中国特色的一流高校。

### （二）立德和树人之间的关系

立德是树立自己的人生观和价值观，育人是培育优秀人才，立德是树人的前提，人在成为有素质的高质量人才之前就应该有自己的思想道德，如果没有立德，人就不能成为高素质人才，思想品德受到损害，就不能成为优秀的社会主义接班人，但是如果我们只是单一的树人，从古代传承而来的立德和美德就会丧失，人们的素质也会变得低下，成了一个不完美的人，所以说，立德和树人是相互依托的，它们的关系密不可分，相互联系，相互制约，是不可分割的整体。

树人的方法和解决办法是立德，在现实生活中我们离不开立德，没有道德，我们的行不受制约，社会将一片混乱，自己的人生观和价值观也会受到损害，不能实现其价值，所以立德是树人的前提。所以，要想成为德才兼备的人才，我们的生命就变得有意义，让自己成为真正的人才，实现自己的价值观。

### （三）新时代要求下立德树人与高校德育之间的关系

高校在传授知识文化的基础上，还应该注重德育教育，在新时代要求下，我们一起来探讨两者之间的关系。

首先，立德是高校德育的根本。不同的时代我们所说的"德"是不同的，在古代我们倡导的是"仁义礼智信"，到了现代，胡主席提出了"八荣八耻"，习近平总书记提出了"社会主义价值观"，这些都在讲述着立德的重要性。在新时代要求下，高校也应该注重德育教育，即社会主义价值观，让学生了解其中的意义和价值，对高校学生进行思想政治教育，树立正确的价值观，加强自己的道德修养，提高政治觉悟，让其符合社会主义发展需求，所以，立德树人高校德育的根本。

其次，高校德育的核心是树人。新时代背景下，教育者始终把德育和树人作为教学的根本任务，若想促进学生全面发展，就应该让学生的思想道德素质有所提升，让学生成为一个具有综合素质的人才，让学生的人格高尚，有较高的价值观，有自己的主观意识，让学生树立正确的价值观，成为对社会有用的人。因此，高校的德育核心是育人，让学生成才，成为一个有生命意义的人。

## 二、有关素质教育的对比

我国的教育更多的是注重成果方面的努力，遵循严格的校规校纪以及文化课成绩的高标准要求，更多的是把注意力放在表面上，而没有太过于注重学生自身的思想教育，让学生对学习这件事处于被动的状态，所以带来的学习成果离预期差距就会很大。西方有些国家的教育则是更注重学生的主动性，给学生较多的自由发挥空间，去创造一个良好的氛围从深处感染，有较强的实际意义。相比之下，我国的素质教育、德育教育应该更多地与社会接轨、与生活接轨、与学生的成长接轨，最终才能让学生更加独立地适应社会，做一个"有理想""有本领""有担当"的高素质社会人。

## 三、我国德育教育面临的社会压力

### （一）社会的大流思想

我们当今社会刚毕业的大学生普遍存在两种，第一种是毕业考研，第二种是毕业进入社会参加工作。从小父辈、母辈的观念就是"望子成龙""望女成凤"，有个好的成绩就一定是有出息的，当拿到文凭步入社会的时候，发现并不完全跟长辈们口中所描述的一样，能不能有个好的工作和在学校时的考试成绩的优劣并没有很大的关系。传统教育的思想和观念就过于框架，使学生不能够完全地执着于自己热爱的事物。

众所周知的是，我国学生的教育成果在理论上是较为显著的，理论知识根基打得特别牢固，但是缺乏实践，让学生自认为没有问题，也就是人们常说的眼高手低，当真正碰到实际问题时，才发现学习的理论不知道如何操作。而学校为了让学生能够加强技能，为相应的岗位提供相应的人才，在打牢理论的同时也加大了技术上的培训，但对德育的教育并没有看得很重要，迫于传统思想和社会压力的双重挤压，始终没能把德育教育放在首位。

### （二）"乌托邦"式的教育

随着我国的历史发展，我们会把事情都进行美化，将美好的一面展现给学生，就出现了"高、大、空"的现象，不够贴近学生的生活和心理，在应该学礼貌、讲文明的年纪在学习四书五经，而在学习专业技能的问题，又开始了对礼貌、文明的培养，这样看来，教育的顺序似乎与本来的规律相背离，脱离了学生的思考方式、接受能力，太过于理想化而忽略了实际问题，不能有效地帮助学生在思想、德育方面进行发展，在根本上对教育会产生不理解，影响了教育在人们心中的地位。

## 四、我国德育教育中的问题及改革措施

### （一）不能与社会接轨

随着社会的飞速发展，我国在教育方面已经取得了很大的进步，但依旧不能彻底解决

关于素质和文化教育方面不平衡的现状。在改革开放初期，能考上大学的，不管是去到社会，还是回归家庭，都有相较于普通人没有的强项本领，虽然以前的各方面教育都赶不上现在，但能肯定的是，当时的大学生一定是大环境下的优秀人才。到了现在，大学生遍地都是，不过值得肯定的是，我国在教育方面确实取得了飞速的进步，但同时不能回避的是，我国在德育教育方面确实做得还不够，有的人可能取得了高学历，但德行上却不能很好地身处于当今的社会；有的人有很好的德行，但如果没有好的学历，也很难被多数人认可。所以在发展文化教育的同时，也一定要加强素质教育，与社会接轨，只有两者齐发展，才能有助于每一个人立足于社会实现自我价值。

### （二）相关德育工作不到位

如今的大学生已经遍地都是，各大高校也在不断地扩招，我国的教育也在不断地大众化，解决了求学无路情况，教育的普及率也越来越高。但是学生在心理状况、素质和政治修养上的起点却是参差不齐的，所以德育教育工作的开展就显得尤为重要，针对不同的学生采取不同的措施，解决不同的问题。

### （三）相关的解决措施

坚持"以学生为中心"。首先是在进行德育教育之前，要先确定德育教育在教育工作中是不可或缺的，也是不能被替代的。不仅要进行德育教育，还要针对不同的学生，制定不同的教学方法。世界上没有两片叶子是长的相同的，每个学生的情况也是互不相同的，不能仅以一种教学方法去系统地进行德育教育，对德育教育进行分类，不仅可以帮助学生在德育方面取得提升和改变，还能在德育教育方面取得工作的创新和进步。确定是学生接受教育，而不是老师灌输教育，培养学生的自主性，积极地去主动探索。其次是确定一个德育教育的统一目标，并不是指要统一化教育，而是设定一个目标，根据不同的学生设置不同的路线，最终达成一样的成果，不管在德育方面还是文化方面，都可以很好地适应社会，并且突出个人价值。

与时代齐头并进。时代在进步，社会在进步，我们的教育也要随之进步，不管是任何领域，都要不断创新才能够有继续坚持下去的动力，教育跟得上，才能让我们的社会有更大的发展空间，所以教育一定要走在前面并且要有前瞻性，能够服务于学生，并且为社会提供更好的发展人才。与此同时，不断创新和进步的前提是，有更为专业和高素质的老师，要大力培养教育界人才，有更为严格的选择标准，才能推动教育事业的前进。

建设一支德育教育师资力量强大的团队。在"立德树人"新时代要求下，想要实现高校德育工作的优化和改革，教师作为其中的主要引导者必须肩负起相应的责任和义务，为学生的德育教育、心态调节、价值观念的形成等进行正确的、积极的引导。保证学生能够在一支师资力量雄厚的教师团队下进行德育的学习和感悟，从而树立正确的人生观、世界观和价值观，为学生身心的健康成长奠定坚实的基础。首先，高校领导要注重教师团队的定时培训，提升教师的专业能力和综合素养，比如定期组织培训会、教师交流会等，将一些与时俱进的教学理念渗透给教师，促使教师的思维能够跟上时代的发展进行变化。另一方面教师自身也要加强学习，不断通过各种途径来提升自身的文化素养，通过网络、多媒体等多审视自己德育教育方面的不足之处，之后根据现实情况不断创新教学模式，提高德育教育质量，推动学生道德素养的提升。同时教师要多去了解学生，坚持"立德树人"的教学理念，与学生建立亦师亦友的新型师生关系，倾听学生的心声，解决学生的困难。

当前的教育在我国是不可或缺以及相当重要的一部分，它不仅与各行各业相联系，而且体现着我国的发展现状并影响着我国的发展前景，所以必须提高德育教育，从各方面加强我国素质人才的综合实力，更好地体现我国的传统文化、思想观念以及人文信仰。无论是在家庭中，还是在学校里或者是在社会里，都应该有德育教育的意识，创造良好的氛围，从思想上和心理上都不断地提高，才能推动我国的教育事业不断进步。

# 第二节　"立德树人"背景下的高校德育工作量化

贯彻执行立德树人的根本任务是强调高等教育建立健全全员育人、全过程育人、全方位育人的"三全育人"工作机制，坚持把思想政治教育贯穿高校教育教学的全过程，把立德树人作为高校人才培养的根本任务和切入点，实现教育为人民服务、为国家发展服务、为建设中国特色社会主义制度服务、为完成伟大复兴的中国梦服务。

中共中央总书记习近平在 2019 年春季学期中央党校（国家行政学院）中青年干部培训班开班式上发表重要讲话：为政之道，修身为本。干部的党性修养、道德水平不会随着党龄工龄的增长而自然提高，也不会随着职务的升迁而自然提高，必须强化自我修炼、自我约束、自我改造。新时代中国特色社会主义思想不仅包含党治国理政的重要思想，还贯穿中国共产党人的政治品格、价值追求、精神境界、作风操守的要求。要涵养政治定力，练就政治慧眼，恪守政治规矩，自觉做政治上的明白人、老实人。由此可见，立德树人不仅是大学生个人素质问题更是维持国家稳定与发展的基础，高校必须把德育工作放在人才培养的重要位置。

2016 年习近平总书记在全国高校思想政治工作会议上强调：思想政治工作从根本上说是做人的工作，必须围绕学生、关照学生、服务学生，不断提高学生的思想水平、政治觉悟、道德品质、文化素养，让学生成为德才兼备、全面发展的人才。高校作为国家人才培养的第一阵地，既要提高学生的知识水平又要关注思想政治建设。在习近平新时代中国特色社会主义思想的指引下，"立德树人"已成为高校教学改革的重要内容，建立有效的德育工作量化模式对推进高校思想政治教育有着重要的促进作用。

## 一、德育教育发展现状

### （一）国外德育教育现状

苏格拉底认为"知识即美德"，一个人只有通过实践才能了解什么是正确和善良，美德可以通过教育得到提高。目前世界各国对德育工作普遍比较重视，分别采取加强政法教育、价值观教育、公民教育和心理健康教育等措施进行德育建设，部分国家将维护国家利益融入高校德育培养方案，并结合政治、经济、文化、生活等形成合力，以保证毕业生顺利适应社会生活，明确自身的权利和义务。在英国，只有在品德教育上不吝惜财物，才能使智力达到良好的效果；在日本，德育重视程度与经济发展程度相关联，日本高校将德育课程统称为综合课程，分为几十个类别和几百门专题讲座；在美国，高校将一些具体的、实用性强的、相对稳定的社会美德通过课堂教学形式传授给学生，并通过社会实践加强影响力，特点可概括为"轻理论重行为，轻说理重管理"；在德国，认为德育投资会在很短时间内取得经济补偿。

### （二）我国德育教育现状

我国有着悠久的文化历史和深厚的文化积淀。在中华民族发展的历史长河中，形成如尊师敬长、助人为乐、艰苦朴素、乐善好施等优良传统美德，这些文化精髓成为高校德育工作的基础部分。国家和政府一直以来高度重视德育工作的发展，中华人民共和国成立之初，国家就把培养德才兼备的人才摆在首位，在习近平新时代中国特色社会主义思想指引的新时期，人才强国、科教兴国的战略更是被高度重视；同时，国家提供大量政策、财力和设施支持。建设以共产主义思想为核心的社会主义精神文明是中国共产党新时期的重要任务，思想建设与我国精神文明的建设息息相关。我国的社会主义经济和政治制度决定了革命理想、道德和纪律是我国高校德育的主要内容，决定了毕业生应该具备为人民服务的献身精神和共产主义的劳动态度。

### （三）我国高校德育教育现状

党的十七大报告提出"坚持教育为本、德育为先"；党的十八大报告将"立德树人"作为教育的根本任务；党的十九大报告中明确提出：建设教育强国是中华民族伟大复兴的基础工程，必须把教育事业放在优先位置，加快教育现代化，办好人民满意的教育。要全面贯彻党的教育方针，落实立德树人根本任务，发展素质教育，推进教育公平，培养德智体美全面发展的社会主义建设者和接班人。习近平总书记将立德树人作为教育的根本任务，这是高校教育的出发点和落脚点，更是高校的生命线。贯彻执行立德树人的根本任务就是强调高等教育建立健全全员育人、全过程育人、全方位育人的"三全育人"工作机制，坚持把思想政治教育贯穿高校教育教学全过程，把立德树人作为高校人才培养的根本任务和切入点，实现教育为人民服务、为国家发展服务、为建设中国特色社会主义制度服务、为完成伟大复兴的中国梦服务。

## 二、高校实施德育工作量化的意义

高校德育工作要做得深、抓得实，必须量化，量化的最直接的方法是将德育内容转化为德育学分。高校在人才培养过程中将学业学分与德育学分相结合，既能确保理论知识、实践能力的掌握，又能实现综合素质的提高。

### （一）德育工作量化便于素质教育实践活动的全面开展

实行德育学分制管理可以将大学生德育学习纳入考核管理，形成直观的、完整的、可测量的、可管理的德育培养体系，让大学生明确德育的教学任务、学习方法和学习内容，引导大学生合理地、自主地、有针对性地、有步骤地参与综合实践活动，及时发现自身的不足与学习进度，保障大学生的学习积极性和主动性。

### （二）德育工作量化便于全员育人工作机制的形成

传统高校德育工作的执行部门一般为团委、思政教研室和学生处，德育工作量化后可以将德育工作覆盖专业教师、二级学院、教务处及就业处等职能部门，可以综合配置德育学分工作量和管理权限，提高德育教育的覆盖面，全方位、多部门联动形成合力，有利于大学生综合能力的提升。

### （三）德育工作量化便于提高毕业生德育能力

正确的就业观关系毕业生职业生涯的选择和发展，正确的就业观来源于正确的思想品德。习近平在 2019 年春季学期中央党校（国家行政学院）中青年干部培训班开班式上强调：人格是一个人精神修养的集中体现。光明磊落、坦荡无私是共产党人的光辉品格，也是干部应该锤炼的品质修养。要坚守精神追求，见贤思齐，见不贤而内自省，处理好公和私、义和利、是和非、正和邪、苦和乐的关系。要立志做大事，不要立志做大官，保持平和心态，看淡个人进退得失，心无旁骛地努力工作，为党和人民做事。德育工作的量化贯穿整个大学生活，时刻影响大学生人格的养成，在潜移默化中帮助大学生树立正确的世界观、人生观和价值观，树立正确的就业、择业意识，有利于大学生的长期职业生涯发展。

## 三、我国高职院校德育工作的不足

### （一）德育学分制度有待进一步完善

目前，德育学分作为一种新的尝试在学分转化过程中仍存在一定局限性，主要体现在三个方面：一是不能尊重个体差异，主观性太强。一些教学单位在设置德育学分是过程中，主观制定出考核标准，要求学生按照标准完成任务，考核方式比较单一，容易将德育与智育考核混淆，把学生的智育成绩误作为德育成绩，导致评价结果可信度低。二是德育内容量化难以制定统一标准。德育是一种思想的转变和观念的提升，内容包含思想品德、学习实践能力、人文素养等，德育学分的制定和有效性需要在实践中检验和改良，需要在制定考核标准过程中以发展的眼光及时调整，在考核中把思想的变化以体现出的行为进行判定。三是综合性考核有欠缺。单个部门或者少数部门难以全面地了解学生的综合素养，考核者对学生的认知有限，在缺乏有效数据支撑时，只能依靠日常了解做出判断，学生性格差异、考核者个人喜好等都会直接影响考核结果，容易导致考核过于片面化。另外，超出本部门考核权限的内容容易因为专业能力和知识水平的限制难以得出完善的考核结果。

### （二）德育考核内容有待进一步完善

德育学分设置的考核内容不仅要与学生的个人职业生涯发展相关，而且要及时反映社会道德和社会热点问题。目前高校德育教育内容相对滞后，未能将中国传统道德文化与先进的社会发展理念相结合，缺乏实用性难以与大学生产生共鸣，不能将德育考核内容转变为内在的先进思想。一些院校德育实施部门比较单一，未能形成良好的德育协同互动机制，没有充分利用各职能部门的特色与力量，导致德育考核内容了解不充分、管理不及时、考核不全面。学校应当充分结合行政队伍、思政队伍和学生组织，形成德育教育合力，加强与学生之间的互动反馈，形成有主有辅、有进有变、有点有面的德育考核内容体系。

### （三）德育学分量化管理观念的片面性

德育作为高校人才培养的重要内容必须引起高度重视，但德育考核不同于学业考核可以完全按照成绩和既定流程衡量和核定，因此，部分教师和学生在德育学分量化实施过程中容易产生排斥情绪，不能客观地认清德育的目的与要求。德育内容一旦作为学分量化，则有一定的强制性，部分师生可能认为德育是人的思想品德和内心活动的一种形式，难以通过具体的事件衡量，德育行为的认定并不能如实体现学生的内在想法。其实，从我国历史德育教育和国外德育教育成果来看，德育虽然在一定程度上存在上述现象，但是大学生具有很强的可塑性，正确的行为引导和潜移默化的思想教育改善能提高学生的德育水平，让学生进行正确的自我认识、环境认知和职业认知，有助于大学生正确衡量和改善自身不足，同时德育学分的实行在一定程度上能够激发学生的竞争意识，使大学生在明确的环境中完善自我。因此，要正确看待德育学分量化的两面性，努力消除不利因素，积极进行正面的引导。

## 四、高职院校德育工作量化模式构建

十八届三中全会通过的《中共中央关于全面深化改革若干重大问题的决定》提出："坚持立德树人，加强社会主义核心价值体系教育，完善中华优秀传统文化教育，形成爱学习、爱劳动、爱祖国活动的有效形式和长效机制，增强学生社会责任感、创新精神、实践能力。"高校应将其作为教育改革的目的、导向和关键目标。深入落实高校德育工作就要不断创新工作形式、强化工作手段、提高工作效率，德育学分制是德育工作量化管理不断创新的产物，是提高高校毕业生德育能力的重要途径。德育学分、思政学分和专业学分相结合的共建模式，可以让德育真正落到实处、可持续发展。

## （一）提高高校德育工作者素质能力

（1）努力提高个人的德育素养。高校德育工作者作为立德树人的执行者，应该加强德育理念的学习和研究，坚定德育为先的工作思路。德育工作量化需要德育工作者在深入了解德育内涵的基础上制定执行，量化的最根本的目的就是通过考核学习督促大学生了解德育的内容并付诸行动，进而从内在形成德育意识，高校德育工作者应积极引导大学生在专业学习、校园文化、社会实践、自我管理等方面与社会主义核心价值观相结合，把实现伟大复兴的中国梦作为奋斗目标，坚定为社会主义事业贡献力量的决心。

（2）树立正确的德育观。高校德育工作者要牢牢树立立德树人的理念，以习近平总书记的"四个引路人"为指引，锤炼学生品格、教授学生知识、创新学生思维、教导学生奉献国家。认真做好德育与智育相结合，关注学生的切身利益和思想动态，从自我做起、从小事做起、从现在做起。通过德育工作量化实现《国家中长期教育和改革规划纲要（2010—2020）》提出的坚持全面发展，坚持文化知识学习与思想品德修养的统一、理论学习与社会实践的统一、全面发展与个性发展的统一。

## （二）德育工作量化要以人为本，共性与个性相统一

（1）高校德育工作的开展要坚持以人为本、从学生切身实际出发。大学生作为独立的个体在生理上趋向成熟，但在心理方面仍不完善，高校德育工作要充分尊重学生的主体地位和自身需求，引导学生提高德育认知能力，坚持"德育、智育、体育、美育、劳育"五育相结合，培养具备综合素质能力的新时代大学生。

（2）注重个性化引导。由于个体性格、气质、价值观等和家庭环境、成长环境等的不同，个体之间存在差异性，德育工作的开展应在充分了解个体的基础上进行，需要深入关注个体的学习、生活、思想特点，采取有针对性的考核手段，多形式德育学分获取，以满足学生的个性化需求。同时将社会教育资源与教学资源相结合，在社会实践中增强道德意识和实践能力，做到知行合一。

（3）加强沟通反馈。改变传统强迫学生学习的思想，形成集讲座、社会实践、志愿活动、各类竞赛等于一体的考核方案，引导学生主动学习、主动思考，激发学生的学习乐趣和探索、创新精神。我国著名教育家叶圣陶曾说过，教育的目的是达到不用教的效果，让学生在参加活动和沟通交流中主动学习，产生危机意识和竞争意识，通过校内校外相结合的方式增强学生的历史使命感和责任感。

## （三）德育学分制量化实践探索

德育学分制的实施是高校德育工作的重要环节，是对学生在学习、生活、参加集体活动、遵章守纪等方面思想道德素质、职业技能素质、人文身心素质和开拓创新素质等发展情况的综合评价。对规范学生言行，提高学生综合素质，引导学生全面健康发展，创建文明、健康、和谐校园具有积极的作用。学生德育学分量化以学生思想品德综合考评的方式开展，

采用定性分析和定量分析相结合的办法考评，德育学分作为评奖评优、党员发展、升学就业及社会推荐的必要依据。德育学分考评坚持实事求是、教育性、导向性原则，确保评价过程和结果公开、公平、公正。下文以高职院校为例，阐述德育学分制量化的具体实行细节。

（1）德育学分分数设置。高职院校一共分为3个学年6个学期，将德育学分总分设置为10学分，在5个学期内完成，每个学期分值为2分。将学生每学期德育学分综合考评成绩满分设置为100分，由基础分60分、德育综合加分、德育综合扣分三项内容组成。基础分的获得需根据思想道德素质、法纪法规素质、人文身心素质、文明礼仪素质、职业实践能力素质五个方面的表现，由班级民主评议确定考评成绩；德育综合加分项主要包括竞赛与专利、优秀学生干部、文体活动、创新创业、志愿者活动及荣誉证书等内容；德育综合加分和扣分不设分数限制。最终综合考评总分高于100分按100分计，不足0分按0分计。

（2）德育学分成绩高低的体现。学生每学期德育学分综合考评达到60分以上即可获得本学期2个学分，60分以下则学分为0。学生在校期间德育学分达10学分方能具备毕业资格。奖学金的评定以学生当学年德育平均成绩作为参考，年度德育综合考评平均成绩低于80分的，取消作为国家奖学金、省级三好学生、优秀学生干部、省级优秀毕业生等的候选资格。学期德育考评成绩在60分以下的，学校应及时与其沟通并告知其监护人，督促其对自身表现进行反省并形成总结报告，并以校内义工形式进行补修。校内义工作为德育学分的补充内容，指在学生主动自愿申请、不计劳动报酬的前提下，为加强校园德育建设、共建文明校园而提供的服务。由学校根据各部门的义工服务需求，整合发布校内义工服务岗位需求，包括德育监督员、勤工助学、志愿者服务、文明宿舍、校园纪律、卫生维护等内容。

（3）德育学分组织及实施程序。德育学分的综合考评和实施由学校成立的专门工作小组负责，各部门在工作小组的指导下负责本部门德育学分的评定，测评结果及时对外公布，各二级学院是德育学分实施的直接责任单位，由辅导员或班主任具体组织实施德育综合考评。德育加分项由学生提供支撑材料主动申请，部门大型集体活动由二级学院统一上报，扣分项目由二级学院根据实际表现依据扣除，有疑问的被扣分者可向本学院及工作小组提起诉求。

（4）德育学分考核管理。自我管理是德育工作的一项重要内容，可以成立以学生干部及学生代表组成的考评小组，具体负责学生日常行为表现的统计、监督、分析等。各二级学院落实德育学分考评工作情况将纳入部门工作年度考核内容，并与学院工作经费划拨挂钩，辅导员、班主任的组织情况与绩效考核、职称评定挂钩，对于工作失误并造成不良影响的实行一票否决制。

落实立德树人最重要的是逐步完善高校德育体系，构建精准考核、重视引导、形式多样、内容丰富、覆盖面广的德育体系，需要对德育工作进行充分的量化考核。高校要不断健全学校、家庭、社会共同参与的德育协同创新体系下强化师资力量、构建师生交流平台、完善考核形式，使德育量化工作不断改善。德育学分制是德育量化的有效形式，高校应在习近平中国特色社会主义教育思想的指引下自觉贯彻"三育人"德育理念，努力提高德育教育质量，把立德树人的核心和灵魂注入新时代的高等教育改革和发展之中。

# 第三节　儒家德育视角下高校立德树人路径实践

道德教育在促进人的全面发展中具有特殊意义，高校坚持立德树人责无旁贷，高校道德教育应当吸收儒家文化的精华，借鉴以"仁"为核心内容、以"礼"为表现形式、以"义"为指引路径的儒家德育思想，并根据儒家德育思想所蕴含的学思并重、身体力行、因材施教、修身养性等立德树人的路径，立德以树人，培养更多德才兼备的人才。

人才培养历来是我国高等学校的中心任务，然而，人才培养仅仅关注于专业知识的传授、谋生技能的训练、满足于学生的就业率，而忽略学生的德行培养，则与人才培养的初衷背道而驰，因此，注重学生的道德素养在掌握专业知识及技能中的引领作用、重视和吸纳传统文化在道德教育中的积极作用、确立立德树人的培养理念和科学途径在当下的人才培养中显得格外重要。

## 一、立德树人是当今高校人才培养的价值取向

众所周知，教育的本质是培养人才，即培养知识和道德兼备的人才。人才培养不仅是教授各类科学文化知识，更需要塑造良好的品德，如果教育培养出来的只是具备知识和才能，而缺乏道德品质的话，也就难以得到社会的认可，人才培养也就会走上歧途。宋朝名相司马光曾经说到"才德全尽，谓之圣人；才德兼亡，谓之愚人；德胜才，谓之君子；才胜德，谓之小人；所以与其得小人，不若得愚人"，并且精辟地得出"才者，德之资也；德者，才之帅也"的结论。在他看来，唯有德引领着才华发挥的方向，缺乏德的引领，虽然才华横溢，也会对社会产生严重的负面作用，所以必须立德以树人。

我国目前已进入全面建成小康社会决胜期，特别是在市场经济体制不断变革的时代，我们需要防止经济活动的法则简单移植并侵蚀到人们的社会生活之中，重视立德以树人显得尤为重要。学校教育必须坚持以德为先的思想，历届领导人都十分重视，这足以体现德育在教育中的地位。毛泽东认为教育方针的制定必须强调人的全面发展，使受教育者在"德、智、体"诸多方面得到应有的发展。邓小平也指出："学校应该永远把坚定正确的政治方向放在第一位。"这体现了思想政治教育在学校教育中的首要地位。江泽民首先明确提出了德育为先的思想，他说"各级各类学校不仅要建立完备的文化知识传授体系，而且要把德育放在首位，确立正确的政治方向"。习近平总书记提出"要提高人民思想觉悟、道德水准、文明素养，提高全社会文明程度"，要"推进社会公德、职业道德、家庭美德、

个人品德建设"。因此，高校必须始终坚持立德以树人的价值取向。

## 二、儒家德育思想是立德树人的重要资源

儒家思想，由孔子创立，初指司仪，后逐步形成完整的思想体系，成为我国传统文化的主流，影响深远。儒家思想包括孔子的仁与礼、孝、乐、志，孟子的性善论与仁政以及荀子的性恶论与礼治等，儒家思想作为中华民族的重要传统思想，也是高校立德树人的重要资源。

仁者爱人的培育是儒家德育的核心思想。儒家道德的核心思想是教人做人，也就是使人知德、修德、立德、积德。孔子所言"仁者爱人"表明人内心要有慈爱之心，这种爱源于人最初最淳朴的感情和人内心最自然的情感；在人与人的关系上，要推己及人，不仅自己要心存善意，而且要推己及人，去爱他人，实现"泛爱众，而亲仁"。但要实现由"亲亲"到"泛爱众"的跨越谈何容易？因此孔子有针对性地提出了"忠恕"和"孝悌"。孝悌是对父母对兄弟的情感，是为仁的根本。在研究儒家思想的基础上，冯友兰提出，人的"仁"感情需要经过"礼"的"加工"才能实现"仁"的内在品质。

礼教规范是儒家德育思想的外在形式。"礼"历来是儒家重要的道德内容。孔子强调"礼"的重要性，认为"恭而无礼则劳，慎而无礼则葸，勇而无礼则乱，直而无礼则绞"(《论语·泰伯》)。如果没有"礼"，那么恭、慎、勇、直也就失去了其本意。孔子说"不学礼，无以立(《论语·季氏》)。"从而将礼提到了作为安身立命之本的高度，认为做人要有礼，不学礼，不成人。孟子认为"仁"与"礼"是君子内心缺一不可的，所谓"君子以仁存心，以礼存心"(《孟子·离娄下》)，离了仁与礼，便不可称之为君子。荀子更是把礼提到了一个极高的位置，将礼作为道德的最高境界，他说:《礼》者，法之大分，类之纲纪也。故学至乎《礼》而止矣。夫是之谓道德之极。"(《荀子·劝学》)至于孔子讲的"克己复礼为仁"(《论语·八佾》)，冯友兰先生从人的欲望是否正当的角度进行了阐释，认为人需要克己的是非正当欲望，是损人利己的欲望。

重义轻利是儒家德育思想的基本精神。孟子极为重视义的伦理价值，他说"仁，人心也；义，人路也"(《孟子·告子上》)；又说"仁，人之安宅也；义，人之正路也"(《孟子·离娄上》)。孟子更为重视义，甚至置于生死之上，并讲"居仁由义"《孟子·离娄上》。仁，存在于人的内心，是善的源头，而要将善显于外必须要有一定路径或行为方式，而义则是行为附和善的判断标准，成为真正仁的实施依据。有仁心也只有在义规范的引导下，才能真正从善、积善，成为"大丈夫"的人格。荀子从人的本性出发，首先肯定了人生而有欲的本性或本能，但这种本性荀子认为，既是人的自然属性应当予以满足，同时又指出，满足的方式应当有度。若社会对"度"无所限制，则社会将陷于混乱状态。在此基础上，荀子提出要"制礼义以分之"。可见，荀子是希望通过制定礼义使社会避免混乱，使人的道德素质得以提高，可见，礼义在人们的生活和社会秩序的维护中有着重要的作用。

## 三、基于儒家德育思想的当代高校落实立德树人根本任务的路径探索

立德树人是我国高校人才培养的根本要求，立德树人重视教书中的育人，既包含道德知识的传授与学习，也蕴含积极丰富多彩的道德实践，儒家道德思想也为高校的教书育人、以文化人、立德树人提供了切实可行的路径。

学思并重，方能不罔不殆。学而不思则罔，思而不学则殆。道德教育，不仅要有老师的教，更重要的是学生的理解与思考，知其然，更知其所以然，学思并重，才能使道德内化学生的自觉行为。这里的"学"主要是学道德知识，高校在课堂开展道德教育，是提高学生道德理论水平的主渠道。而"思"是思考，学生在学习道德理论时必须思考道德理论所蕴含的道理，思考自己的日常行为是否符合道德规范。学是思的前提，正如孔子所讲："吾尝终日不食，终夜不寝，以思，无益，不如学也。"（《论语·卫灵公》）

立德树人，道德教育是主要路径，学思并重是关键。荀子说："今人之性固无礼义，故疆学而求有之了也。性不知礼义，故思虑而求知也。"（《荀子·性恶》）又说："吾尝终日而思矣，不如须臾之所学也。吾尝践而望矣，不如登高之博见也。"（《荀子·劝学》）可见，道德教育作为立德的主渠道，学习和思考不可分割，相互渗透，在学习中思考，在思考中进一步提高，在学习和思考中将所学道德内化为自身的行为。

身体力行，方能成就德行。德，是为顺应自然、社会和人类客观需要去做事的行为，是人们对道感知后所进行的行为。所以，德之关键在于行。德是在知"道"后的身体力行，以身作则。王夫之讲"力行而后知之真也"。"力行"强调的是道德主体的自主性和自觉性。将知识转化为实践，去践行道德理论，逐渐形成道德习惯。有道德的行为是一种正能量，对他人可以起到表率和示范作用。

良好的师德是立德树人的重要榜样。"其身正，不令而行；其身不正，虽令不从。"（《论语·子路》）正是指正直、正当，合天理、合公德。作为领导，自己身正，不用命令，人民就会按照其旨意去做；否则，领导自身不正，即使三令五申，人民也不会服从。有道德的老师，在教育学生中，无形中不仅其传授的知识为学生所学，其本身的品德也是学生很好的榜样。

因材施教，方能事半功倍。德有仁义礼智信等多个维度，仁爱、忠义、礼和、睿智、诚信，每个人在德的各个维度上存在不同的理解和不同的认知，也存在不同程度的缺陷，因此，立德树人还是要因材施教。

因材施教在孔子、孟子、墨子的相关论述中都有，作为儒家思想的第一条教学原则，教书育人应根据学生的个性特点，给予不同的教育。正如孔子在《论语·为政》中对不孝行为的论述各有不同，如孟懿子的"违礼"、子游的不敬重父母、子夏的不对父母和颜悦色等。如何孝顺，孔子给了他们不同的答案。因材施教的关键在于关心学生，认识学生的

个性特点，孔子说："不患人之不己知，患不知人也。"（《论语·学而》）这就要求教师在教书育人中多与学生接触，多了解学习，推行导师制，导师带动学生养成良好的道德习惯。关于教育学生的方法，孟子概述其教育方法主要有五种："有如时雨化之者，有成德者，有达财者，有答问者，有私淑艾者。此五者，君子之所以教也。"（《孟子·尽心上》）

修养身心，方能智明无过。道德需要内化于心、外化于行，其关键在于要内化于心。高校的道德教育既要求教育者的引导、示范，更要求受教育者要修养身心，要不断践行，修炼自己，成为习惯，成为道德主体内在的自觉性。

孔子认为，要成为"仁"者，必须修身。孔子讲"修己以敬""修己以安人""修己以安百姓"（《论语·宪问》）。荀子说："君子博学而日参省乎己，则知明而行无过矣。"教师要学高为师，身正为范，经常检查自己，反省自己，以免犯错误。教师自身要充满正能量。（《荀子·修身》）修身是一种反思，是一种自我反馈，不断修正自己的不足，所以，立德树人中，德要立起来离不开学生的不断自我修养。

总之，在立德树人的教育过程中，我们要使学生严格要求自己，让自己的行为符合道德规范。基于儒家德育思想，立德树人贵在学思并举，贵在外化于行，贵在自我修炼，贵在因材施教，学、思、行、修和因材施教，成为儒家思想适于当代立德树人中富有启迪性的育人路径。

# 第四节　立德树人视域下高校德育课程体系新建构

党的十八大报告提出把立德树人作为教育的根本任务，培养德、智、体、美全面发展的社会主义建设者和接班人。这为新形势下高校德育实践工作指明了方向。高校德育工作应以立德树人为指导思想，遵循教育规律，结合当代大学生的发展特点，重新构建德育课程体系，培养真正德智体美全面发展的社会主义建设者和接班人。当前我国高校德育课程体系存在着课程形式单一、课程内容老套、德育方法过时等问题，针对这些问题构建新的合理的德育课程体系对于提高德育工作实效性和落实立德树人根本任务具有重要意义。

## 一、立德树人的科学内涵

"立德"在《左传》中有如下记载："太上有立德，其次有立功，其次有立言，虽久不废，此之谓不朽。"其含义为：要建功立业，必先立德，把立德作为做事做人之首，将其视为安邦立国、安身立命之根本。据《管子》记载："一年之计，莫如树谷；十年之计，莫如树木；终身之计，莫如树人。"道出了培养人才的难度和重要性。"立德"是"树人"的前提，育人为本，德育为先，要想培育有用之才，必先立德。立德树人是时代发展的需要，是教育发展的本质要求。

立德树人指导思想要求我们必须坚持德育为先。德是做人育人的前提条件，是每一个人成长的根本。我国正处在开放的国际环境与多元文化的背景下，青少年学生正处于人生观、世界观、价值观形成的关键期，德育为先就更显必要和紧迫。学校德育格局应该从课程、实践和文化等多方面进行建构；必须把德育渗透于教育教学的各个环节，贯穿在学校、家庭和社会教育的方方面面。我们应该不断创新德育形式，逐步丰富德育内容，构建新的德育课程体系，加强德育工作的针对性和实效性。

## 二、我国高校德育课程体系现状分析

近年来，我国高校德育课程在一些教育学者研究的基础上逐步形成了一套较为完整的体系，其内容包括：学科性德育、活动性德育和隐性德育课程。学科性德育课程在培养学生道德思维、积累道德知识方面起着重要作用，但由于忽略了学生道德实践的践行而略显不足；学科性德育课程的不足为活动性德育课程的出现提供了重要契机；隐性德育课程植根于学校的各个层面，其作用也越来越受关注。由于受历史传统根深蒂固的影响，高校德育在课程内容、教材教法、评价体系等方面都不符合当下德育工作的要求。我国高校德育课程中存在的问题指引着我们对新课程体系的建构做出新的思考。

课程内容不够新颖。目前，多数高校沿用的德育教材仍是几十年一贯的传统教材，内容陈旧、空洞、脱离学生生活实际。好的课程内容是提高教学质量，达到教学效果的重要因素之一，要想真正提高教学质量和学生德育素质，必须大力改革老套单一的课程内容，联系实际，抓住大学生关注的难点、热点问题。随着时代与社会形势的发展，德育内容应不断充实和更新。一些反映时代发展需要的德育内容也应纳入德育课程框架内，如科技道德、网络道德、生态环境道德教育等。

课程方法较为单一。受传统观念的影响，赫尔巴特的传统"三中心论"在我国高校德育课堂教学中备受推崇，重视知识传授，轻视能力培养；重课堂灌输，缺乏启发讨论。教学方式上大多仍采用传统的"灌输式""单向式"等，教师讲授多，学生思考少；教师不能遵照学生的认知规律，仅按照学科体系进行讲授。这种传统的教学模式致使学生在课堂上的参与程度低，不能较好地发挥学生的积极性。在德育教学手段上，青睐于教材加粉笔的传统模式，对现代技术的运用较少。在现代化信息技术迅猛发展的今天，现代化的教学工具也随之出现，但在教学应用中实则换汤不换药，现代的一块屏幕代替了传统的"黑板"加"粉笔"。

课程实施重理论轻实践。当前，我国高校德育课程体系理论上由学科性德育、隐性德育、活动性德育三部分组成，但各高校在德育课程开设和实施过程中几乎都偏重传统的学科性德育课程，对隐性德育课程和活动性德育课程都有不同程度的忽视。这样，只能培养学生德育素质"知、情、意、行"中的"知"，对于其他三方面的发展则置罔不顾，这既有悖于高校德育目的，也有悖于立德树人的本质要求。学科性德育课程与活动性德育课程是理论与实践的关系，理论必须高度联系实际，高校德育要求学生做到知、情、意、行相结合地发展，就必须同时兼顾学科性德育课程、隐性德育课程、活动性德育课程，三者必须有机协同与融合。

## 三、基于立德树人的高校德育课程体系建构

"立德"，即立社会主义之德，是要引导当代大学生认真践行社会主义的核心价值观。想要彻底落实立德树人的根本任务，就必须大力改革高校德育课程，构建合理的德育课程体系。当前，各高校普遍存在忽视隐性德育与活动性德育课程的现象，缺少隐性课程和活动性课程的补充，学科性德育课程的效果也不理想。因此，大力开发利用高校隐性德育资源与活动性德育课程资源，构建三种德育课程有机结合的高校德育课程体系，成为切实提高大学生德育整体素质的关键。

### （一）积极推进学科性德育课程改革

学科性德育课程是一种传统的德育课程形式，是系统地向学生传授德育知识、道德观念，进行道德规范教育的主要途径。教师根据学科教学纲领，带领学生掌握思想、政治以及道德的系统知识，着力培养学生的价值观、人生观与道德品质。针对当前高校学科性德育课程实效性不强的状况，必须采取有力措施，改革学科性德育课程。

改革学科性德育课程内容，加强与学生实际的联系。学科性德育课程内容改革要面向两个实际：一是要面向社会的现实生活实际，让当代大学生客观了解社会现实生活，这是德育理论课程的现实基础；二是要面向德育对象——当代大学生的思想实际，他们的主流思想状况是健康向上、积极进取的，但由于受一些负面影响，一些大学生存在政治信仰迷茫、价值取向扭曲、社会责任感缺乏、艰苦奋斗精神淡化等问题。德育理论课程改革必须以教育规律和大学生的身心发展特点为依据，通过各种方法，引领学生提高自己的思想道德素质，增强社会责任感，培养坚苦耐劳的品质。同时，德育理论应与各专业实践更好地联系起来，各专业开设的学科性德育课程应体现出专业特色。

创新德育方法，提高德育工作的实效性。当前，我国高校现行的德育方法是一种典型的"灌输模式"。德育方法使用不当，严重阻碍了德育内容的展现和学生德育素质的内化，导致德育效果欠佳、作用不明显。在新时期下，高校德育必须采取创新的多元的德育方法，提高德育工作的实效性。现代科技的迅猛发展给高校德育工作带来了新的挑战：一方面，现代通信技术的广泛使用，使得教育者和教育对象之间就获取信息而言已不存在数量和时间的差异。这就要求德育工作不能把教育对象当作消极接受的客体，而应看作一个能动的主体。另一方面，科技的发展为创新高校德育工作方法提供了物质条件和基础。通过创新德育方法，解决当代大学生的拜金主义、享乐主义、理想信仰的缺失、道德的失范等诸多问题。

### （二）大力开发和利用隐性德育课程资源

隐性课程又叫作潜在课程，隐性德育课程是蕴藏在学校内部，如建筑景观、师德校风、人文环境等各方面之中的教育因素，"是为了实现德育目标，教育者有组织、有计划地在学校范围内以各种方式使受教育者主要获得道德情意方面经验的课程"。它可以通过对学生无意识的心理活动的调节，潜移默化地影响学生的道德、品行以及各方面素质，其影响作用之大之独特是学科性德育课程无法比拟的。因此，要想更好地实现德育工作的实效性，除了改革学科性德育课程外，还要着力于开发实施隐性德育课程。

塑造教师自身魅力，打造和谐师生关系。在隐性德育课程发挥作用的过程中，和谐的人际关系是关键。和谐的师生关系有助于教师更好地陶冶和感染学生，形成良好的道德品质。教师群体是学校里的主导群体，育人的前提是做人，教师在学生面前起着道德榜样与道德"活教材"的作用，教师自身的一言一行都会无意识地影响学生。因此，作为教师，必须以身作则，对自己高标准严要求，发挥自身人格魅力，润物细无声地带领学生践行自己倡导的道德价值观念。

加强校园精神文化和规章制度的建设，着重培养学生良好的道德行为习惯。以校园精神文化内容为主要特征的隐性德育资源，主要是指校风、学风、教风、班级氛围等。校园的精神文化既富有知识性，又具有思想性；既可以丰富师生的精神文化世界，又是高校建设隐性德育课程的重要载体。因此，高校要切实采取加强校园精神文化建设的有效措施。以校园规章制度形态为主要内容的隐性德育资源，主要指的是学校各种组织的各项章程制度，它会以有意无意的方式对学生产生德育影响。严格而又合理的规章是学生养成良好行为习惯的重要条件。学校领导应不断完善各项规章制度，争取以合理的规章制度引导学生良好道德行为习惯的养成。

### （三）开展高校活动性德育课程

活动课程又称"经验课程"，实施活动性德育课程是以开展各种具有教育意义的活动为主，来达到锻炼学生道德实践的目的，这种德育课程最大的特点是实践性。它的功能在于让学生进行道德实践，亲身体验道德经验，培养学生的道德品行，达到道德行为观念知行合一。道德教育的最终目的不只是让学生掌握有关的道德知识，而是形成相应的道德认知并认真践行道德实践。因此，德育必须以活动性德育课程辅之学科性德育课程，理论与实践相结合，才能增强高校德育工作的实效性，提升学生的德育素质。

活动性德育课程应当遵循主体性原则。主体性原则是指在活动实施前、活动实施中都是由参与者自主自愿进行参与，在活动中能切身体会活动所要表达的意义和经验。在学校开设活动性德育课程时，德育效果的大小取决于学生的主体性的发挥程度，因此，所开设的活动性德育课程应满足学生的实际需要和兴趣，进而让学生发挥自己的主体作用，积极对待和参与此类具有教育意义的活动课程并能有所体会，这样才能真正影响学生的道德认识与道德实践。

活动性德育课程应与其他课程相配合。一是要与另外两种德育课程相结合，三种德育课程在德育过程中各有所长，要想取得更好的德育效果，就必须使活动性德育课程与学科性德育课程、隐性德育课程相互配合，形成相互支持的互补关系。二是要与其他各学科的课程相互配合，"德""智""体""美"并不是孤立发展的。活动性德育课程与各学科课程结合，更好地挖掘学科中的德育意义，也能体现出学科教学中的育人性；活动性德育课程中渗透知识性教学，寓教于活动，德智教育相互促进。

# 第五节　立德树人理念下高校德育体系长效机制的构建

当代大学生的世界观、人生观、价值观的形成以及如何以辩证的角度去践行人生道路的发展，与高校德育的引导是分不开的。因此，高校德育在思政政治教育中占据着重要的一环。在立德树人理念下构建高校德育体系，探究发挥高校德育建设的有效途径。

"树人"一词出自《管子》："十年之计，莫如树木；终身之计，莫如树人。"教育的根本在于人，而人要传递教育理念的根本在于德品。可以说，高校德育的建设和发展直接决定了国家培养怎样的新时代社会主义建设的接班人，对国家主流思想文化和观念在大学生中的传递有着重要作用。可以说当代大学生的世界观、人生观、价值观的形成及从辩证的角度去践行人生道路的发展，与高校德育是分不开的。因此，在高校思想政治教育中，我们应把德育放在重要位置，这对大学生的理想信念、言行品德、三观都有重要的引导作用。

因此深入贯彻党的十九大精神，在立德树人理念下构建高校德育体系，也有着突出的实践意义。

## 一、立德树人理念对高校德育的基本要求

### （一）对育人标准的要求

高校德育的对象是大学生，当代大学生的三观培养、道德品行、行为习惯等都是高校德育的重要培养的方向，而在立德树人理念下，其中教育人、培养人的首要标准是"德"，而在高校四门思政政治课中，我们也都能看到这些主流思想文化对大学生的影响。育人的标准是以马列主义思想为核心，贯彻社会主义核心价值观和核心价值体系，深入贯彻习近平新时代中国特色社会主义思想内涵，"德"的体现包括政治品德、社会公德、职业道德、生活美德。以德育作为育人的标准，同时在高校德育教育过程中把"立德"和"树人"结合好，既要培养德、智、体、美、劳全面发展的当代大学生，同时也要把大学生的人生观、价值观的合理引导作为高校德育践行的参照部分。

### （二）对育人实效的要求

如何在立德树人理念下促进高校德育教育发展，也就是对于育人实效的体现，首先就

是要对不同的大学生进行分层教育和分层管理。不同的大学生的品德规范、观念、三观发展都会有所差别，那么为了能在高校德育教育中发挥育人的最大实效性，应该采取分层教育的方式。全面贯彻立德树人，做到科学育人。根据不同大学生的特征及心理情况，因时因地育人，知识教育和能力教育同时进行，缺一不可，提高育人实效性。

## 二、立德树人理念在高校德育体系中的必要性

### （一）培养新时代社会主义发展人才的需要

人才从何而来？如何培养？主要依靠高校对广大青年学生进行教育，设立全面发展的教育目标，而在新时代立德树人理念下高校培养新时代社会主义接班人时应把"德"放在中心位置，将良好德行品行的形成设立为高校德育的第一教学目标，为新时代中国特色社会主义建设和发展输送真正意义上的接班人和纽带者，这是高校建立长效教育体系必须时刻注意的地方。

### （二）是推动新时代我国社会主义现代化事业发展的需要

中国人民是从苦难中走过来的，深知一个民族一个国家，独立完整的主权以及富强发达的国家状态对人民生活幸福的重要性。而中国社会日新月异的改变也在不断提醒着我们要为来之不易的幸福生活继续努力奋斗，实现中华民族伟大复兴梦。而广大青年学生作为新时代的新兴力量，从高校中走出，那么高校将立德树人理念作为教学目标的一个参照，把"德"放在中心位置，培养具备德智体美劳全面发展的大学生也是为了进一步推动新时代社会主义现代化事业的发展。因此坚持立德树人理念下高校德育体系的构建也是宏观上新时代我国社会主义现代化建设发展的重要参照指标。

## 三、构建立德树人理念下高校德育体系的原则

### （一）主体性原则

主体性原则就是指在高校德育体系构建中，要以学生为主体，将学生的知识水平、接受程度、学习经验等作为德育建设的主要标准。而在立德树人理念下，主体性原则显得更加突出。有了良好品德，三观正确的大学生必然是高校德育下的成功典型。只有在高校德育中切实发挥学生的主体地位，不是一味地进行灌输才可以使学生真正从心理上接受德育，才能更好地构建高校德育体系。而现在高校德育体系构建中容易忽略学生的主体地位，这也是现在高校德育体系构建难以体现长效性的原因之一。

### （二）整体性原则

德育体系本身是一个复杂的工程，其包含的内容包括心理健康教育、生命教育、理想信念教育等，而德育现象的发展也包括显性和隐形等，在立德树人理念下，培养全面发展的人才，高校德育教育体系的构建仅仅依靠高校是远远不够的，要发挥高校德育体系的长

效性必须从学生的家庭、学校、个人、社会各个层面出发，高校德育的实施者也应该随着被实施者即学生周围的社会环境、家庭环境及个人心理变化等调整德育的方法，真正从整体上发挥高校德育的最优化模式。

### （三）有效性原则

在高校德育实施过程中，还有一点非常重要的原则就是有效性原则，即在高校德育实施中能否真正对被实施者即学生产生良好循环的德育实际效果。现在高校中，四门思想政治课虽然是高校的公共必修课，但是真正上课后收到的效果却令人担忧。很多学生认为思想政治课就是"洗脑课"，道德教育更是通俗易懂的内容，自己上网看书都能学会，也就是20岁左右的青年学生的辩证思考能力还处在容易自我满足的状态，因此，现在高校德育实施者感觉到操作困难，上课很难引起学生的共鸣，所以在高校德育长效机制构建中，如何切实有效发挥"树人"功效，真正获得良好的效果也是十分重要的。

## 四、构建立德树人理念下高校德育体系的实现途径

### （一）把立德树人理念放在高校德育工作的中心环节

1. 积极发挥"教育为本，德育为先"的理念

首先在思想观念上，要重视德育，现在高校大学生之所以对思想政治课不重视，除了自身人生观、价值观形成并不成熟之外，有些高校对德育本身也不够重视，因此"教育为本，德育为先"的理念是十分必要的，可以创新一些德育的形式，丰富其内容，增加和学生的互动，如在辅导员帮助下开展情景式道德小品比赛、青年学生思想知识竞赛、社会热点事件辩论赛等，通过丰富德育的形式，更好地发挥立德树人理念在高校德育工作中的作用，培养具有"社会责任感、创新精神、实践能力"的新一代青年人，为立德树人的根本任务打下扎实的基础。

2. 积极发扬"全面育人"的理念

在高校德育体系的构建中我们提到了整体性原则，高校德育的构建是一个烦琐及复杂的内容，因此要实现立德树人的根本任务，仅仅从高校一方面去育人是远远不够的。因此，结合整体性原则，同时发扬"全面育人"原则，也就是将和大学生德行品行形成息息相关的社会环境、家庭环境、个人因素等加入高校德育构建的体系中，只有以全局化的高度和眼光去把握，才能真正地实现高校德育体系构建的长效性，发挥时效性。

思政教师应进行分层管理、分层教学，同时高校德育建设只有在"全面育人"理念下才能使德育教育建设在计划、监督、协调各个方面发挥最大优势，为高校德育体系构建创造多层次、更细化的教育环境。

### （二）促进高校德育体系多元化路径发展

1. 高校德育应建立健全保障机制

在高校德育的体系构建中，学生虽然是德育的主体，但是实施者即高校德育的中坚力

量，如思政教师、心理健康老师、辅导员、学工处行政人员等也在高校德育建设中发挥着十分重要的作用，而近年高校工资福利待遇偏低、科研经费不够、思政体系不受重视等情况时有发生，对于高校德育的实施者有着很大的冲击，也影响着整个高校德育体系的构建及思政教育团队的凝聚力，因此，为他们建立更为健全的保障机制是十分重要的，在实践中增加思政教师的科研机会，提高福利待遇，对高校德育体系的稳定是十分必要的。

2. 高校德育应建立科学的考评机制

在考评机制中，高校德育建设可以把激励机制和纠错机制进行结合，细化考核方式，灵活丰富考核方式，以提高高校德育工作者的积极性为出发点，使高校德育工作者和学生之间有一个良性互动和良性循环。科学的考评机制包括对德育工作者本职工作的考核，也可以采取奖励机制。

好的教学形式对学生接受德育是十分必要的，如新媒体时代下，我国可以完善德育的相关网站，及时引导学生去学习和接受德育相关的知识内容，利用数字媒体与学生互动也可以拉近与学生之间的心理距离；在课后可以举办一些与思想品德等相关的热点事件的辩论赛，让学生自己表达观点后再进行德育，丰富德育的形式；同时可以定期举办一些心理健康小品观赏或品德教育情景剧表演，让学生在准备、表演、互动中真正感悟社会正能量，传递社会主义核心价值体系和价值观。教学形式的丰富化和多样化，在高校德育体系的构建中也应引起高校重视。

# 第六节　立德树人视域下高校德育评价体系的构建

教育工作应以人为本，立德为先，只有将道德教育和评价体系结合运用，才能做到全面培养学生的才与德。本节对立德树人视域下高校德育评价体系的构建情况进行研究，对其原则进行分析，总结出完善培养机制、建立职业标准和教师立德在先等七个要点，以此推动高校德育评价体系的构建。

基于"学生是教育主体"的基本教育观念，各高校应树立起"以人为本"的教育原则，在对学生实施教育、促进学生知识发展的同时，还要注意提升学生的综合素养。高校在加强德育的同时，建立起以"立德树人"为基本观念的德育评价体系，也同样重要。

## 一、基于立德树人构建高校德育评价体系的原则

随着各领域的飞速发展，我国对人才的需求量日益增加，而人才资源也是国家发展建设的重要资源。一位优秀的人才不仅要拥有大量的专业知识，还要拥有良好的道德品质。因此，各高校要对建立德育评价体系的原则进行深入思考。

第一，高校德育评价体系应以立德树人为根本思想，全面培养学生的专业技能知识和

道德品质，促进学生全面发展和综合素养的显著提升，为党和国家的未来发展建设，提供有知识、有素质、高素养、有纪律和有技能的高质量综合性人才。

第二，高校应为学生积极打造立德树人的良好环境，引导学生的正确道德发展方向，进而激起学生的行动力，为学生培养立德树人思想和创新精神，提升学生的全面能力，优化校园道德风气。为此，学校要开展科学、合理、正确和有效的道德教育工作，为学生树立起正确的世界观、人生观、价值观和荣辱观。

第三，学校开展德育工作，不仅要发挥主导作用，家长、社会和学生亲属都要参与其中，为学生的学习和生活创造出良好的道德环境。

第一，开展内部思想政治教育培训工作。管理者可通过积极开展校内职业素养培训工作，提升教师的职业综合素养，并在此过程中为其树立良好的正确的人生观、价值观、社会观和责任观，让其对教育工作的责任和使命有一定的重视，将学生的成长和发展设定为自己的职业使命，正确理解"立德树人"的教学目标，在为高校德育评价教学工作的有效落实奠定坚实基础的同时，还能为学生创造良好的成长环境。

## 二、基于立德树人构建高校德育评价体系的要点

完善人才培养机制。高校教师是校园中各项活动的组织者和管理者，因此，在实施立德树人的德育工作时，教师应在其中占据主导地位。建立并完善德育人才培养机制，是确保高校顺利开展德育工作和实现道德教育良好成效的重要保障。人才培养机制不能只针对教师，也应该将学生考虑进来。高校完善人才培养机制要坚持多元化标准，以国家和社会的需求为导向，让人才培养体系发挥出更大价值，深入研究"立德树人"的教育观念，科学配置教师与学生的人才资源，对平日具有良好道德素养的教师和学生，加大鼓励并将此作为高校师生的表率，进而为其他师生提供良好的道德发展导向。

高校完善人才培养机制要具有一定的创新精神和创新能力，思想观念上不能过于守旧，要始终把激起学生的道德潜能作为机制标准，正确理解人才培养机制的根本作用是基于"立德树人"的基本观念，全面提升高校师生道德素养，而不是官僚主义的培养机制。同时，高校要明确完善人才培养机制的目的是希望该机制能够为广大师生树立正确的道德理念和道德发展方向。

优化教育资源的配置。高校在开展"立德树人"德育评价时，应对相关教育资源进行优化配置，并对教育活动进行统一规划和指挥，在进行活动时要注意突出"立德树人"的重点思想，综合考虑学生的生活、学习、身体和学业规划等多方面的要求，优化教学配置，进而提升德育活动的实施效果。

第四，高校如果要将立德树人作为德育教学的标准，教师就要身先士卒从自身立德开始做起，积极开展校园活动，对各项工作进行整合进而实现德育的合力发展。

建立立德树人的职业标准。高校应将"立德树人"的观念列入教师的职业标准之中，

使教师正确认识到立德树人的重要性，并增强教师对立德树人的使命感。建立以"立德树人"为基本理念的教师职业制度，不仅能够让教师在职责和权利之间划清界限，还能使教师正确认识到治学和育人的责任，明白教育工作者的重要性和使命，增强教育职工的责任意识。同时，校领导还要注意教师的思想道德动向，在不断提升教师的专业能力的同时，还不断提升思想品德和政治素养，对于存在思想问题和错误思想的教师，校领导应及时给予修正，进而实现工作能力与道德素养的全面提升。高校教师要以个人魅力征服学生，而不是依靠教师的权力，要在实现"立德树人"的过程中实现教育工作者的个人价值。

例如，2018 年国考时政要点写道："立德树人的职业教育是标准。"文章突出了"立德树人"对教育工作者的重要性，并明确指出"立德树人"是头等大事，将核心素养和"工匠精神"融入标准中是培养高素质教育人才的关键一步，这是两项重要指示。

高校教师自身立德在先。"立德树人"教育理念，不仅体现出我国的道德文化，还为高校教师指出未来工作的核心发展目标，因此，广大高校教师应当承担起这一崇高的道德责任和历史使命。在日常教学工作和生活中，教师应与学生走在一起，做到共同提升道德素养，并为学生树立起良好的道德榜样，以此增强道德教育工作的感染力。教育工作者应严格规范自身的言行，正确认识到"先立德，后树人"的道德培养方向，以身作则、加强自身立德，只有这样才能为学校的道德教育工作创造出生机与活力，进而增强"立德树人"的影响力，实现"立德树人"的教育工作目标。

强化师资团队专业能力培养。以立德树人为育人目标构建高校德育评价体系要强调师资团队的专业能力。对此，高校管理者需要对当前实际情况进行综合考量，并结合立德树人教育的未来发展需求，制定出相应有效的强化措施，以增强师资团队的专业能力，提升高校德育评价工作的成效。在此环节中，高校管理者可通过以下三项措施进行。

第一，加强内部培训学习。管理者可积极为广大教学工作者开展相应的专业培训工作，以此提升其专业能力和工作质量。在此过程中，管理者需要对各培训环节进行严格管控，及时发现各教师专业能力中的薄弱之处，为其实施针对性再教育，以此实现各教师专业能力的全面提升，为良好的高校德育奠定坚实的基础。

第二，实施激励制度。在强化教师专业能力的问题上，管理者不应当强调工作人员的被动学习，而应当激发教师的学习意识和兴趣。在这一问题中，管理者可根据实际情况，实施相应的激励制度，激发各教师的学习意识和学习兴趣，鼓励其通过自行学习的方式，提升自身的专业能力水平。

第三，外派学习。管理者可以将各教师派往专业院校进行进修式学习，以此提升其专业工作能力。由于外派进修的机会十分难得，因此，该方式不仅能够为其提供系统性的培训，而且能激发起各教师的参与积极性。此外，管理者可对进修完毕后的教师给予重用，保证其所学知识能够得到充分发挥与应用。

提升师资团队职业综合素养。工作不认真、不积极、不进取等情况都是职业素养不高的表现。教师的职业素养问题，不仅与其工作质量有直接关系，还会严重影响高校立德树人德育评价工作的有效开展。因此，高校管理者应当对该问题给予一定的重视，并以提升师资团队职业综合素养的方式，强化高校立德树人德育教学的成效。同时，教师拥有良好的职业素养和生活作风也可以为广大高校学生做表率，让学生正确了解立德树人和德育教学的重要性和必要性。在这一问题中，管理者可以下两项措施开展工作。

第一，司马光曾说过："才德全尽谓之圣人，才德兼亡谓之愚人，德胜才谓之君子，才胜德谓之小人。"在各高校积极开展的德育工作中，山东某高校开展的"立德树人"教师评价活动，为众高校树立起了典范。该校充分利用校园内各教育资源和宣传资源，积极为活动宣传造势，使该校的教育工作者和学生了解到"先立德，再树人"的重要性，并让学生和教师进行道德素养互评，从而迅速地在校园中营造出了良好的道德风气。与此同时，校领导对教师和学生积极开展道德素养教育活动，在提升教师和学生学习素养的同时，对道德素养也十分重视，进而为我国教育事业的道德教育工作树立起了新风气。

第二，加强高校交流互动。管理者可通过开展交流互动活动，让教师走进其他高等院校中进行考察，让其更为直接地感受良好的教学环境，以此提升教师的职业素养。与此同时，教师还可以通过这次机会积极互换教学经验，创新教学方式，为学生的良好成长奠定师资保障。

转变传统教育观念。高校开展以立德树人为目标的高校德育评价工作，不免会与传统高校教学方式、形式与观念等因素产生矛盾。对此，教师和学校管理者应当积极转变传统教育观念，适应学生未来成长与发展需求，坚持以立德树人为教育目标，开展教学活动。在教育过程中，教师应当明确学生的教育主体地位，根据学生成长和发展需求制订教学计划，强调学生德育，使学生的各方面素质皆能够得到良好的成长，以此实现高校的全方位综合性教学。除此之外，教师还要营造出平等、良好的沟通氛围，与学生不仅是师生关系，也是朋友关系，通过交流与沟通，为学生输送正确的思想观念，并为其树立起良好的社会观、价值观、人生观和责任观。教师要将高校教育中的专业与德育教学保持平衡状态，让学生对德育给予一定的重视，并积极鼓励学生自行提升德育素养，提升以立德树人为目标的高校德育工作的综合成效。

高校的教育工作直接影响着国家的未来，应以"立德树人"为教师工作准则，坚持"以人为本"的教育理念，承担起为国家和民族的未来培育人才的重大使命，为社会源源不断地输送高技能、高素养的综合性人才。

# 第六章　中国传统文化与学生德育的创新研究

## 第一节　融合优秀传统文化的德育生活化创新

正处于传统向现代转型的中国社会，伦理道德失序，青年一代道德状况堪忧。一方面，一些青年学生的价值取向功利化，社会责任感、公德意识淡薄，家庭代际伦理陷入危机；另一方面，一些学校德育目标高远空洞，德育内容偏狭教条、统一不变，德育方法单向灌输、缺乏参与体验。源自生活的道德，形成于生活，也指导着生活。正如陶行知所言"没有生活做中心的教育是死教育"。当前本本化、知识化的德育疏离生活之根，难以达到引导学生社会化发展、促进其精神成人的预期效果。"夫孝，德之本也，教之所由生也"，做人的修养与觉悟是传统教育的根本，德育生活化创新势在必行。优秀传统文化，是中华民族在长期的社会生活实践中积淀的、世代相传的精神遗产，是以生物遗传和社会遗传方式将民族的思维模式、价值理念、道德规范、行为方式、审美情趣、风俗习惯等渗透至每个人的思想意识、行为规范中，影响人们的思想行为和日常生活。

## 一、渗透优秀传统伦理文化的德育内容生活化

### （一）传统孝文化与孝德教育、生命教育

亲子关系，是每个人的第一个人际关系，个人对其他社会关系的期望和反应无不是亲子关系的映射。当前，我国家庭普遍存在的代际矛盾冲突，反映出传统"孝道"观念与现代"平权"意识之间的博弈。代际冲突，使亲情疏离，社会和谐、稳定与平衡遭受破坏，也妨碍了社会机制和社会功能的正常发挥。"君子务本，本立而道生。孝悌也者，其为仁之本欤？"孝乃人伦之本，道德之源，是最原始的伦理意识和道德规范。家庭是社会的细胞，家庭代际伦理是社会的基础伦理。在我国的传统社会中，孝是家庭和睦、社会稳定的凝合剂，体现了"善事父母"和亲亲、尊尊、长长、贵老等伦理精神，强化了家族和宗族意识。"身体发肤受之父母，不敢毁伤，孝之始也。""父兮生我，母兮鞠我，拊我蓄我，长我育我，顾我复我，出入腹我。""哀哀父母，生我劬劳""哀哀父母，生我劳瘁。"学校孝德教育，要摒弃传统孝道中的愚孝、亲隐等封建糟粕，保留其全民性的合理内核，赋予传统孝道以时代气息，推动家庭代际伦理从"以家为本"向"以人为本"的现代转换，有利于减少代

与代之间的矛盾冲突。孝德教育是德育的基点，它以个体的生命为着眼点，从亲情、孝德的角度，让学生认识到生命的独特而珍爱生命，认识到自我放弃、自杀是对父母家人爱心和责任感的缺失，是对父母最大的不孝；它让学生认识到生命的意义而尊重生命，"老吾老以及人之老，幼吾幼以及人之幼""立身行道，扬名于后世，以显父母，孝之终也"，教导学生从关心自己、关心父母家人延伸到关心他人、社会和自然，在与自我、他人、自然建立和谐关系的过程中，促进生命的和谐发展，创造生命的价值。

### （二）传统诚信道德、仁爱和谐文化与道德观教育

道德是人性的客观要求。道德观教育引导受教育者对自身、对他人、对世界所处关系有一个正确的系统认识和看法，是青年学生社会化发展的重要途径。当前，社会普遍的不诚信已经影响到我国社会主义市场经济的发展，甚至国家的海外形象。倡导言行一致，强调恪守诚信，是中华民族的优良道德传统。"信"系诚也，人言则无不信者，故从人言。"信"是孝、悌、忠、信等传统"四德"之一，也是仁、义、礼、智、信等"五常"的要素。诚信意味着无欺，即言论与其所反映的对象要统一；意味着守诺，即言与行之间要统一；意味着践约，即前后言行之间要统一。传统儒家尤其推崇和倡导诚信。《礼记·祭统》认为，立身处世当以诚信为本，"是故贤者之祭也，致其诚信，与其忠敬"。孔子曰，"言必信，行必果"，要"言而有信"，如若不然，则会"人而无信，不知其可"。孟子进一步把"朋友有信"视为"五伦"之一，与"父子有亲、君臣有义、夫妇有别、长幼有序"并列为社会的伦常规范和道德标准。荀子认为"诚信生神，夸诞生惑"，并把是否有"信"作为区分"君子"与"小人"的重要道德标准。不信不立，不诚不行。诚信是做人的立身之本，是社会的安定之本，是市场经济活动的一项基本道德准则，也是我国职业道德的一项基本要求。另外，"仁者爱人""己所不欲，勿施于人""君子和而不同""以和为贵""家和万事兴""和谐万邦"等古语古训体现了传统仁爱、和谐文化的丰富内涵。和谐人际、和谐社会、和谐世界是中国人的传统意识和价值追求。"诚信""友善"，是我国社会主义公民的基本道德规范，与"文明""和谐"同为社会主义核心价值观的重要内容，是社会主义道德观的体现。

### （三）传统义利观、耻感与廉洁文化与价值观、荣辱观教育

加强社会主义价值观引导和荣辱观教育，是学校德育的重要内容，且具有现实紧迫性。当前，功利主义盛行，耻感文化丧失，一些人对奢侈腐败生活方式趋之若鹜，没有任何心理防线，不以为耻，反以为荣而"竞相攀比"。"君子喻于义，小人喻于利""富贵不能淫，贫贱不能移，威武不能屈""君子爱财，取之有道"，以及"道之以政，齐之以刑，民免而无耻；道之以德，齐之以礼，有耻且格"等，是中国传统义利观、耻感与廉洁文化的体现，是中国传统理想人格的"精气神"。当前，坚持以热爱祖国为荣、以危害祖国为耻；以服务人民为荣、以背离人民为耻；以崇尚科学为荣、以愚昧无知为耻；以辛勤劳动为荣、以好逸恶劳为耻；以团结互助为荣、以损人利己为耻；以诚实守信为荣、以见利忘

义为耻；以遵纪守法为荣、以违法乱纪为耻；以艰苦奋斗为荣、以骄奢淫逸为耻等"八荣八耻"，体现了社会主义荣辱观的基本要求。中共十八大又以"富强、民主、文明、和谐、自由、平等、公正、法制、爱国、敬业、诚信、友善"等24个字概括了社会主义核心价值观。从传统文化中汲取精神养料，对青年学生施以社会主义价值观和荣辱观的引导教育，可以使之深刻认识中国精神的传统文化渊源，体会到社会主义荣辱观、社会主义核心价值观对中国优秀传统文化的继承与弘扬。

### （四）传统修身观与人生责任、理想信念、爱国主义教育

传统修身观，尤重君子之道。荀子认为，君子是淡泊名利、深谋远虑、珍惜名誉、勇于为理想献身的人。"人生自古谁无死，留取丹心照汗青"，强调整体利益、国家利益和民族利益高于个人，要忠信于国，有对社会、对民族、对国家的责任意识和奉献精神；"立德、立功、立言"三不朽，提倡的是追求精神境界，把道德理想的实现看作是一种高层次需要；"修身、齐家、治国、平天下"，"君子进德修业，忠信所以进德也"，强调人生责任、理想信念；"夫孝，始于事亲，中于事君，终于立身""谁言寸草心，报得三春晖"告之，家庭责任感是社会责任感、人生理想信念的基础。人生在世，要追求有意义的人生，有意义人生要承担人生责任，人生责任、理想信念、爱国主义教育是学校德育的核心内容。

## 二、借鉴传统道德教育方法的德育方式生活化

### （一）"君子慎独""省察克治""反求诸己"与自我修养

孟子认为，人生而有"恻隐之心、羞恶之心、辞让之心、是非之心"等四心（良心），但要接受教育、自我反省，才能找回流浪的良心。传统教育强调自我修养的重要性，要"吾日三省吾身""为人谋而不忠乎？与朋友交而不信乎？传不习乎"。倡导道德主体在完善自身中发挥出能动作用，学思并重，慎独自律，积善成德。传统德育方法从良心的自觉入手，揭示了德育要靠主体自我修养的根本。因此，中国传统德育的自我修养方法至今依然是提高德育有效性的重要手段和根本途径。

### （二）"上所施，下所效""身教胜于言教"与榜样示范

道德是被感染而不是被教导的，"以德服人者，心悦诚服也"，榜样的力量是无穷的。"其身正，不令而行"，教育者以身作则或以他的高尚思想、模范行为和卓越成就影响受教育者，对教育者施以人格感召的影响，可促其形成所预期的道德观念、价值观念。传统教育十分重视父母、师者"上所施，下所效""身教胜于言教"的榜样示范作用。子曰，"三人行必有我师焉。择其善者而从之，其不善者而改之"。范晔认为，"以身教者从，以言教者讼"。学生对教育者人格的接受和认同，是有效开展德育的基础，教育者的人格魅力是受教育者感受正确思想、走出价值混乱的保证。

### （三）"践履习行""知行合一"与道德实践

道德信念是一个思想认识问题，更是一个实践问题，最终要在实践中完成。清初思想家颜元，将习行作为求知途径时接触到了认识以实践为基础的问题，提出"习行"与"践履"，认为"用力于讲读者一二，加功于习行者八九"。传统教育重视道德践履，在"听其言"的同时，还要"观其行"，促进其在反复的实践中形成行为习惯，达到"知行合一"。当前本本化、知识化德育所面临的困境是显而易见的，德育再不能仅仅停留在课堂，停留在认知教育上，引导学生的道德实践十分必要。

## 三、强化优秀传统文化熏陶的德育途径生活化

### （一）传统民俗节日活动体验

面向生活世界的德育，不限于课堂书本，教育途径和载体会越来越丰富；它不再停留在书本认知教育上，还要促进学生情感和意志与认知的协调发展。通过清明祭扫烈士和亲人、端午诗歌朗诵会、重阳敬老公益，以及庆祝教师节等节日纪念活动，将学生带入历史的时空，使他们在触碰历史的过程中产生记忆，受到传统教育，传承优良家风，弘扬爱国主义，敬老爱幼，尊师重教，讲究公德传扬美德。

### （二）历史文化古迹、传统文艺陶冶

历史文化古迹、"红色资源"是德育的重要载体，具有丰富的政治、思想、历史和文化内涵，具有广泛的代表性和影响力，是青年学生补充历史知识、开展品德教育的平台。在激发情感、锤炼意志方面，历史文化古迹、"红色资源"具有与纪念活动同样的功效。充分利用本地已有资源，使青年学生"抚今追昔添感受，对比之下出真知"，更加珍惜今天的幸福生活，坚定传承民族优秀文化，振兴民族未来的信念。同时，结合实际情况，开展古典名著读书活动、吟诵中华经典诗文、传统诗画比赛等活动，举办传统戏曲欣赏及表演等，使学生接受中国传统文学艺术的熏陶，感受传统文化的魅力，增强民族归属感、自豪感和荣誉感，从而更具民族文化底蕴和精神气质。

# 第二节 新时代中华优秀传统文化的德育价值及实现路径

中国特色社会主义已经进入了新时代，习近平新时代中国特色社会主义思想在中华优秀传统文化的滋养之下应运而生，努力汲取中华优秀传统文化中蕴含的养分精华，有利于更好地建设社会主义文化强国。青年学生作为国家现代化建设中的生力军，如何使其更好地适应祖国发展需要的历史重任，为学校德育提出了更高的要求。德育的目的就是培养学生优良的道德品质，使其适应社会发展的需要，实现个人的价值。学校作为德育的重要场

域，同时也是传承中华优秀传统文化的关键介体，充分挖掘中华优秀传统文化中蕴藏的德育资源，对于优化现代学校德育方法、充实德育内容具有重要的借鉴意义，从而助力增强学校德育的实效性，为国家培养出有理想、有本领、有担当的社会主义事业接班人。

党的十九大报告提出要深入挖掘中华优秀传统文化蕴含的思想观念、人文精神、道德规范，结合时代要求继承创新，让中华文化展现出永久魅力和时代风采；并将中国特色社会主义文化写入党章，充分彰显了以习近平同志为核心的党中央高度重视中华优秀传统文化的传承和弘扬，同时也体现了习近平新时代中国特色社会主义思想的理论创新与发展成果。中华优秀传统文化是中华儿女所共有的精神家园，尤其是贯穿其中的传统美德、人文精神、理想信念等蕴藏的德育内涵具有强大的生命力和感召力。当前，挖掘优秀传统文化中的德育价值，对于弘扬社会主义核心价值观、丰富中国特色社会主义文化内涵具有重要意义。

## 一、新时代中华优秀传统文化与德育的内在逻辑联系

中华民族在长期的历史实践中创造出来的优秀传统文化是中国特色社会主义文化的重要源泉。习近平新时代中国特色社会主义思想强调要坚持中国特色社会主义文化发展道路，激发全民族创新创造活力，努力建设社会主义文化强国。推动中华优秀传统文化的创造性转化，将其中孕育的文化精粹为时代所用是当前学校德育工作的重要课题。

中华优秀传统文化具有兼容并包的强大生命力，在历史发展的进程中，中华文化不断吸收外来优秀文化，博采众长，逐步形成了"美美与共"的和谐氛围。文化说到底就是"以文化人、以文育人"，实现个体从自然人到社会人的转变。德育的根本目的也在于实现人性的"回归"，同时道德本身就是一种文化的外显，从这个意义上讲文化与德育具有内在的逻辑联系。

### （一）德育价值内化于中华优秀传统文化之中

广义上的德育主要包括道德教育、政治教育、思想教育、心理教育、法制教育这几个方面，而狭义上的德育仅指道德教育，在此取德育的广义内涵。中华优秀传统文化巨大的包容性铸就了其丰富的内涵，能为德育资源的拓展提供一定的借鉴与启示。

儒家文化作为中华优秀传统文化的重要组成部分，是传统德育学说的主干。儒学作为延续了几千年的主流文化，其中所蕴含的价值观念、伦理道德至今仍有重要的影响。比如，"仁"是儒家思想的核心，主张"己所不欲，勿施于人""推己及人"的仁爱精神，提倡"修身齐家治国平天下"的家国情怀，"厚德载物"包容宽厚的胸怀，"以义制利"取财有道的精神，宣扬"尊师爱生"的优良传统、"因材施教""身体力行"的教育方法以及建构的"伦理本位的课程结构"等等，这些对于当今德育内容的丰富与德育方法的创新具有重要的借鉴意义。

### （二）德育具有内在的文化属性

德育工作是教育工作者组织适合德育对象品德成长的价值环境，促使他们在道德认知、情感和实践能力等方面不断建构和提升的教育活动。简言之，德育是促进个体道德自主建构的价值引导活动。因此，从某种意义上讲，德育不仅仅指一种由外而内向德育对象施加影响的过程，同时也是个体自身自主自觉地进行价值建构的一种方式，是外因与内因共同作用的结果。

德育涵盖道德观念、行为规范、伦理准则等意识层面的教育，从而指导具体的行为实践。我们通常所说的文化概念内涵非常广泛，凡是有人类活动烙印的物质载体或精神产品都可称之为文化，而狭义上的文化一般是指精神产品。由此看来，文化具有宽泛的外延，其中包括德育的范畴。

文化的一个重要作用便是"化人"，使人成为"文明人"，而这一目的也正是德育的最终目的，由此而言，德育具有内在的文化属性。同时，通过德育这个载体不仅能实现文化的传承与发扬，而且能塑造人的行为规范，使其能够适应社会发展的需要。德育的这种功能可以进一步增进德育对象的文化认同，对于文化的传播与发展具有一定的导引作用，从而达到文化自觉与文化自信的效果。因此，从某种意义上说，德育本身就具有文化价值。

## 二、中华优秀传统文化融入学校德育的现实价值

中华优秀传统文化"作为规律性的东西，总是具有超历史、超地域的特征"。因此，无论时代如何变迁，其内在的文化价值仍能为现代德育提供启示，对于丰富德育教学内容，创新德育教学方法，提高德育实效具有重要意义。

### （一）传统与现代互动：提高现代学校德育实效性

首先，中华优秀传统文化的合理内涵为现代学校德育内容提供了借鉴。

中华优秀传统文化源远流长，随着时代的发展仍散发出无穷的活力与生命力。许多高度精练的民族精神与伦理道德，无不彰显出中华文化的博大精深。"思想政治教育对于社会文化价值取向的主导性，主要体现在必须坚持中国特色社会主义的主流文化"，现如今，社会主义核心价值观成为时代的主流。因此，如何让社会主义核心价值观深入人心，内化为青年坚定的理想信念，外铄为自觉的实践行动，是当代高校思想政治教育面临的一项重要任务。

市场经济的日益繁荣在提高人们物质生活水平的同时也加剧了价值观多元化的倾向。各种功利主义、享乐主义、奢靡主义等不良社会风气侵蚀着传统的道德价值观念，在一定程度上增加了高校思想政治教育的难度，如何在多元的价值观念中找到"最大公约数"是当前德育工作亟待解决的一个关键问题。

中华优秀传统文化中所孕育的伦理观、价值观对规范当前社会秩序、保证社会的良序运行具有重要的借鉴意义。儒学倡导的"己所不欲，勿施于人"的仁爱精神、道家宣扬的"上

善若水"的崇高情操、佛家提倡的"慈爱众生"的奉献情怀等对净化社会风气、重构社会规范、澄清价值观念具有强大的引导作用。

其次，优秀传统文化中孕育的德育方法有利于实现人性的回归。

传统文化中所蕴藏的德育观念和德育方法为现代德育提供了更广阔的思路。德育作为一种社会实践活动，其主体和客体都是具有主观能动性的"人"，其主体性的发挥是达到德育理想效果的关键。而目前传统的德育课堂实效性欠缺，德育效果不明显，有些甚至招致学生的叛逆与反感，其中一个重要的原因就是未采取科学的德育方法，在施教过程中德育双方的关系处理不恰当。因此，提高德育的实效性，必须注重德育方法的改进，而此时不妨从优秀传统文化中去汲取一些启示。

中国古代虽然没有明确提出德育这个概念，但是已经萌发了德育的理念。在这方面，以孔子为代表的儒学教育堪为德育之表率。在教育对象方面，孔子主张"有教无类"；在教育方法上提出"因材施教"，即根据受教育者的自身特点选取适合的教育方法，而不是采取所谓的"一视同仁"。同时倡导"不愤不启，不悱不发。举一隅而不以三隅反，则不复也"，注重采取"启发式"教学方法，这与西方所推崇的建构主义理论的教学原则有异曲同工之妙。此外，以老子为代表的道家也提出"授人以鱼不如授人以渔"的主张，这些教育方法有别于"灌输论"，充分强调受教育者的主体性，在知识、价值观念等的建构过程中教育者只是承担着引导者的角色。正如价值澄清理论所认为的"怎样获取价值观比获得怎样的价值观更加重要"，同样强调教育过程中采取科学方法的重要性。

当前中国特色社会主义已经进入了新的发展阶段，面对新的历史环境与条件，在谋求新的发展机遇的同时更应该立足于中华优秀传统文化，在文化创新中汲取丰富营养。虽然时代在不断变迁，社会存在总在发生变化，但是社会意识的相对独立性表明，中华优秀传统文化中所倡导的教育方法经过历史实践的检验仍历久弥新，对于当代学校德育实效性的提高具有重要价值。

## （二）传承与创新交融：促进中华优秀传统文化的再繁荣

习近平总书记在党的十九大报告指出要坚持中华优秀文化的创造性转化、创新性发展，不断铸就中华文化的新辉煌。同时强调"没有高度的文化自信，没有文化的繁荣兴盛，就没有中华民族伟大复兴。要坚持中国特色社会主义文化发展道路，激发全民族文化创新创造活力，建设社会主义文化强国"。文化作为一种软实力，其孕育产生的潜移默化、深远持久的影响在当代国际竞争浪潮中的魅力尤为凸显。如何实现中华优秀传统文化的代际转换，让贯穿其中的优秀思想继续发光发热，是时代赋予当代中国儿女的历史使命。

通过学校德育这个载体，将传统德育的内容与方法融会贯通于现代德育的教学过程，同时在与时代接轨融合当中实现文化创新，让其更好地服务于当代社会。通过学校这个实现个体社会化的重要场域，利用受教育者思想行为可塑性的特点，将优秀的中华传统文化内化于其内心，外铄于实践行动，在建构其知识体系及价值观念的同时使中华优秀传统文化的精髓得以传承。

因此，在学校德育过程中融入中华优秀传统文化尤为必要。不仅能让传统的德育课堂重新焕发出生机，提高德育的实效性，而且有利于优秀传统文化的"回归"，通过将其与现代性结合，赋予其新的时代内涵，在文化传承与创新中实现文化的再生产。此外，提高文化认同的一个关键因素就是增强文化自觉，费孝通先生曾指出"文化自觉只是指生活在一定文化中的人对其文化有'自知之明'，明白它的来历、形成过程、所具的特色和它发展的趋向"。通过内化于心的规范准则实现行为上的自觉践行，优秀传统文化中所蕴藏的精神信仰、社会规范等都将促进青年学生价值观念、伦理道德的生成。与此同时，通过学校这一场域，借助学校德育内容与方法的创新，从而彰显出中华优秀传统文化的时代价值，促进中华优秀传统文化的再发展与再繁荣。

## 三、挖掘中华传统文化中德育价值的路径选择

现阶段，国家已将中华优秀传统文化的传承与发扬融入学校德育的工作当中。特别强调要加强青年理想信念教育，同时也要在青年中培育和践行社会主义核心价值观，引导青年传承弘扬中华优秀传统文化，增强文化自觉与文化自信。

那么，如何将中华优秀传统文化中的精髓与现代德育有机结合，实现传统与现代的接轨是当代学校德育面临的一个挑战。

### （一）借助学校德育课，促进中华优秀传统文化的现代诠释

学校是开展德育的一个重要场域，当前，学校德育的相关课程是进行思想文化传播的主阵地。因此，充分利用好德育课这个平台，将中华优秀传统文化融入教学的全过程，是促进中华优秀传统文化传承与提高现代学校德育效果的一个重要渠道。在课堂教学过程中，通过引经据典将课程内容与中国优秀传统文化有机结合。比如，在爱国主义教学模块，可以将从古至今的至理名言和爱国英雄的丰功伟绩鲜活地呈现在学生面前，这些中华优秀传统文化的素材能够让他们领悟并体会到优秀传统文化的魅力所在。同时也借助中华优秀传统文化这个载体将符合社会规范的价值观念、行为准则内化于受教育者的内心，外铄于行，从而提高德育的实效性。

当然，对中华优秀传统文化中的德育资源进行现代诠释必须在传统与现代之间找到共通之处。社会主义核心价值观作为社会主义核心价值体系的集中表达，简单的二十四个字高度凝练概括了全体中华儿女需要培育和践行的基本价值准则和行为规范，为实现中华民族伟大复兴的中国梦提供了基本遵循。这些价值目标、价值取向、价值准则究其根本都能够在绵延数千年的中华优秀传统文化中找到本源。孔子作为开创了我国德育之先河的代表，特别强调人际关系的和谐，关注社会的良性运行。他们的核心思想主要表现为"仁"，提出"恭则不侮，宽则得众，信则人任焉，敏则有功，惠则足以使人"，即"自重、宽厚、信用、勤恳、关心他人"这五种基本的道德规范，此外还有"温良恭俭让"这些基本的道

德原则。其内在的核心价值仍能为当代价值观的建构提供启示。

因此，充分利用学校德育课程这个载体，将优秀传统文化的内涵与时代特色相结合进行现代诠释，中华优秀传统文化的魅力不仅可以增强现代德育教学的趣味性与吸引力，同时也更加具有说服力。

### （二）创设隐性课程，助力学校德育与中华优秀传统文化的融合

在传统的教育模式中，德育的主要实现路径为显性的课堂教育，然而隐性课程常常被忽视。隐性课程作为一种潜隐的课程模式，其作用也不容小觑。隐性课程是将影响或决定"正式课程"内涵和特性所含的价值、规范、态度内化于教学过程（无论有意或无意）而使学生习得这些经验，借以完成其社会化，或将这些经验转化为自我意识的反省、批判，进而对现状改进的实践活动的经验。因此，隐性课程的有效开发与运用对于增强德育的实效性、传承中华优秀传统文化具有积极意义。

从某种意义上说，隐性课程本身就具有价值性的影响。隐性课程的潜在性与间接性可以有效避免受教育者的反感，达到"润物无声"的效果，从而进一步提高德育的实效。

在学校这个场域中既包括物质环境也包括精神环境，两者在隐性课程的开发上都有较大的发展空间。例如，在学校物质环境的创设上，可以恰到好处地融入优秀传统文化元素，利用展板等各种物质载体积极宣传优秀德育文化，让学生在潜移默化、耳濡目染中受到中华优秀传统文化的熏陶。其次在精神环境的建构中，主要包括学校中所营造的氛围，其中包含校风、班风等等。而校风、班风往往通过高度凝练的校训、班规来呈现。此时，中华优秀传统文化的魅力便大放光彩，其中可以概括出言简意赅的校训班规，其丰厚的文化底蕴有助于营造和谐的校园氛围。

总之，隐性课程具有"德育影响目标的'宽泛化'、影响内容的'整体化'及影响方式的'生活化'"的特点，这种潜隐的课程模式可以实现德育与传统文化的有机结合，助力两者互动交融。

### （三）重视体验教育，促进受教育者知行合一

体验教育，是指受教育者通过一系列的社会实践活动来认识事物的一种教育活动。它并不是仅仅以单纯的语言文字符号来启发受教育者，而是强调受教育者的主体性，通过"身心"体验，建立起受教育者与自然、社会及自身的适当关系，并在这种关系中领悟出人生的意义，进而促使其价值观的形成。

学校德育的一个最终目的便是使受教育者的行为符合社会规范，这是一个实践行为，最终将落实到行动上。体验教育关注受教育者个体的主观体验，通过这个过程不仅有利于培养他们各方面的道德意识，而且有助于他们达到"知行统一"。

中华优秀传统文化中德育资源的开发与利用不能仅仅停留在文字符号层面，实践层面的德育也尤为重要。中华优秀传统文化既有物质载体也有精神载体，而物质领域的文化资源相较精神领域而言更加具体，通过这种看得见摸得着的现实体验，可以使受教育者从中

华优秀传统文化中汲取营养，更加直观地感受到优秀传统文化的魅力所在。

当前为了提高学校德育的实效性，教育者也在不断努力地改变传统意义上的"灌输式"教学方式，逐步实现受教育客体主体化。例如，积极倡导"给父母写家书"的活动，旨在通过家书这种传统的沟通方式，将亲子之间的真实情感跃然纸上，有效地拉近孩子与父母之间的距离。同时，"书写家书的过程对大学生来说是培养大学生主体的自我教育意识、推动大学生主体进行自我教育的过程"，教育者通过这种以情育人的方式，充分激发大学生的情感体验与行为体验，在这一过程中将中华优秀传统文化中所倡导的孝道文化的内涵展现得淋漓尽致。

蔡元培先生曾指出"德育为完全人格之本，若无德，则虽体魄智力发达，适足助其为恶，无益也"。从古至今德育作为一种重要的教育手段在个体社会化的过程中发挥了重要的作用。时至今日中华优秀传统文化中所蕴含的德育内容与德育方法仍能为现代学校德育提供诸多启发，将这些文化精髓不断融入现代德育教学的全过程，不仅是提高当前学校德育实效的迫切需要，也是推进中华优秀传统文化传承与发扬，实现中国特色社会主义文化自觉与自信的必然要求，更是处于新时代中的学校德育必须担负起的文化使命。

# 第三节　优秀传统文化视角下的高校德育实践创新

习近平总书记高度重视大学生思想政治教育工作，强调"要坚持把立德树人作为中心环节，把思想政治工作贯穿教育教学全过程，实现全程育人、全方位育人"，这对高校的德育工作提出了新的要求。高校德育实践要立足于"我国独特的历史、独特的文化、独特的国情"，特别是独特的传统文化这一精神基因。以文化人，育人之心，教人于行，通过文化潜移默化的影响人、培养人，这与立德树人的根本任务具有内在一致性。

## 一、文化交融成为高校德育新背景

党的十九大报告认为当前全球格局呈世界多极化、经济全球化、社会信息化、文化多样化发展态势。随着我国改革开放的全面深入推进，各种文化思潮不断涌入，多元文化交融并存、多元价值观交互激荡成为当前高校德育工作必须要直面的现实环境。因此，对于高校德育工作来说，文化交融是一把双刃剑，合则促进高校德育发展，冲则抑制高校德育实践效果。

### （一）外来文化影响日强

早在 20 世纪 90 年代初，时任联合国秘书长加利提出，第一个全球化的时代已经真正到来，从此"全球化"这一词汇成为各个领域的热词，最初的全球化主要是指经济的全球化，但其影响迅速扩展到了政治和文化领域。特别是对于民族国家来说，全球化不仅直接影响着民族国家的经济运行方式和管理方式，更是深刻影响着民族国家的意识形态和文化形式。"无论从历史还是从现实看，全球化都具有明显的泛政治化，这是我们认清当今全球化性质的一个重要视角。"改革开放，特别是随着加入 WTO，中国由被动的开放到主动地融入，在这一过程当中，各种思潮、文化理论纷纷涌入，对我国传统文化、价值观念、思想意识形成显著影响。一个显著的特点是，全球化泛起的多元文化假借先进的信息技术，疾速传播到世界各地，影响青年大学生的思想发展和价值判断。随着德育环境日益复杂，高校德育实践要主动调和传统与现代的关系，化解中国与西方的文化碰撞，培育大学生树立正确的价值观。《中共中央关于全面深化改革若干重大问题的决定》提出要"提高文化开放的水平""扩大对外文化交流""积极吸收借鉴国外一切优秀文化成果"。这意味着高校要自觉地融入世界，主动创新推动德育实践创新，特别要处理好一元主导与多元发展的关系，处理好中西文化激荡、交融过程中继承借鉴与批判创新的关系。

### （二）网络文化速疾难控

习近平总书记指出要"运用新媒体技术使工作活起来，推动思想政治工作传统优势同信息技术高度融合，增强时代感和吸引力"。中国大学生每天用在智能手机上的时间约为 5 小时 17 分钟，且呈现明显的碎片化、虚实交互和去中心化特征。这使得利用新媒体开展德育成为必要路径。当前，大多数的高校，已经意识到使用新媒体开展德育工作的重要性，微信、微博、易班等这些新媒体平台成为聚集青年的平台。同样，新媒体对于高校德育实践来说是一项全新的挑战，仍然存在对新媒体重要性认识不足的问题，也存在一定的应付和懈怠心理，存在"样子工程"建设的心态。对于德育实践新媒体平台优势在哪？怎样做到既体现立德树人这一中心工作，又符合大学生的喜好需求？这样一些新媒体建设的关键问题思考不够深入。在新媒体建设上，特别是在内容建设上有"碎片化"的特点，缺少一个"内核"的引领，即事务性的信息多，导致德育实践的"碎片化"；在德育生活化方面存在明显的虚实交互、虚实难辨的特点，学生德育实践的具身体验不够；在话语权方面存在"去中心化"的特点，教师在第一、第二课堂的话语权消解。这些都需要在后续的网络德育实践中加强推动、创新发展。

### （三）教育对象代际更迭

德育的对象是青年大学生，立德树人也是针对青年大学生，所以德育实践一定要认识清楚德育的对象。青年大学生是一个特殊群体，更是一个层次分明的群体，每一代青年大学生都因为特殊的群体特征、思想意识、价值观念而被赋予鲜明的代称，如"80 后""90后""95 后"，及至"00 后"，这虽然是一种以出生年代为分界线的划分，但是又确实存在着明显的代际特征。这与改革开放以来，我国社会发展的多样性是密不可分的，而且社会的变化周期越来越短，多样性的具体内容指代也更加丰富。社会发展的多样化带来人的价值取向的多样化，进而对主导价值观的培育产生影响。这样的环境对个性丰富的大学生来说，更加刺激了他们主体意识的觉醒和个体的差异化，这种代际特征明显的趋势，要求高校德育实践在内容、载体、形式等方面实现多样化，以适应青年大学生代际特征不同所造成的思想意识及价值取向的多样性、多重性和矛盾性。目前很多高校在德育实践中，仍然把青年大学生作为单一群体，在制订德育目标，规划德育内容，设计德育形式的时候，以一概全，没有分层分类，在行动上缺乏创新地一刀切，针对不同代际的大学生采用同样的手段和方式，针对性和实效性不强，不能获得理想的德育效果。

## 二、优秀传统文化的德育功能发挥

五千多年文明历史所孕育的中华优秀传统文化是新时代中国特色社会主义文化的根源所在。习近平总书记指出优秀传统文化是一个国家、一个民族传承和发展的根本，如果丢掉了，就割断了精神命脉。高校德育要挖掘优秀传统文化中的育人资源，引导青年大学生树立正确的历史观、民族观、价值观；要发挥优秀传统文化的凝聚功能，增强文化认同和自信。

### （一）汲取优秀传统文化精髓，丰富德育思想宝库

德育的历史源头可以追溯到春秋时期，其价值追求是立德，体现了德育具有厚重的历史基础。春秋时期《左传》载"太上有立德，其次有立功，其次有立言，虽久不废，此之谓不朽"，可见古人把"立德"作为"立功""立言"三不朽之首位。新中国成立之后，党和国家的领导人要求高校要做好育人工作，并在不同历史方位有所发展，提出了培育"四有新人""五讲四美三热爱""八荣八耻社会主义荣辱观"及培育和践行"社会主义核心价值观"等德育内容，均重点突出了传统文化中传统道德的核心理念。可见，"中华优秀传统文化是民族认同、安身立命、精神归根与心灵安放的精神家园，是民族凝聚力、创造力与生命力的活水源头"。当前德育工作的重点是培育青少年的家国情怀、社会关怀、人格修养，最终完善青少年学生的道德品质，培养理想人格，提升政治素养。这就明确了高校德育要借助优秀传统文化的精神内涵，使青年大学生在国家、社会、个人三个层面明确努力方向，高校则需要明确德育方向和内容。可见，中华优秀传统文化蕴含着大量精神财富，是抵御以西方文化为代表的外来文化入侵的重要武器。开展大学生德育要高度重视与中华优秀传统文化的融合创新和发展，德育实践是优秀传统文化的展示舞台，优秀传统文化是德育实践的关键内容，高校要充分发挥优秀传统文化的德育功能，提高德育实效。

### （二）借力优秀传统文化自觉，夯实师生共识基础

教育部制定的《完善中华优秀传统文化教育指导纲要》(后面简称《纲要》)，对加强中华优秀传统文化教育的重要性和紧迫性、指导思想和重要原则进行了阐述，对如何推进优秀传统文化教育进行了整体上的规划、分层次的设计。《纲要》指出"大学阶段，以提高学生对中华优秀传统文化的自主学习和探究能力为重点，培养学生的文化创新意识，增强学生传承弘扬中华优秀传统文化的责任感和使命感"，最终目标是"引导学生完善人格修养，关心国家命运，自觉把个人理想和国家梦想、个人价值与国家发展结合起来"，可见，

优秀传统文化与高校立德树人具有内涵上的一致性。中国有五千年的文明史，优秀传统文化同样源远流长，其价值体系是数千年来中华民族伟大实践中检验出来的、传承下来的宝贵基因，是全体人民中华认同、精神归根的精神家园，是全民族凝聚力、创造力与生命力的活水源头，是每个中国人都内化于心的一种文化自觉。这种价值体系是当代大学生做出价值判断和提高辨识水平的基础，也是开展德育工作的基础。高校应该深刻挖掘传统文化中的优良要素，为德育所有、为大学生所用。只有这样才能有效弘扬优秀传统文化，不断夯实教学共识基础，提升德育实效。

### （三）阐发优秀传统文化内涵，丰富学生发展养分

"95 后""00 后"的大学生从小深受外来文化影响，一是娱乐文化影响，"95 后""00 后"大学生生活在互联网时代，从小受日韩动漫、欧美电影、歌曲等方面的影响，潜移默化、日渐深入；二是西方节日文化影响，圣诞节、感恩节、情人节等各种西方节日都已成为"95 后""00 后"大学生的重要生活元素和行为习惯，导致一些西方宗教价值观也在润物无声中影响大学生；三是欧美民主制度文化，不少"95 后""00 后"大学生对西方民主了解不透，只看表面现象，认为西方民主制度更佳。如此等等，西方文化从日常生活、重要节点到政治领域都在真真切切地影响着大学生，甚至在潜移默化中形成价值传递教育，导致了一些大学生否定中华优秀传统文化。这些外来文化使大学生的思想成长、道德发展呈现出新的发展特点。优秀传统文化中关于人格修养方法和理论，对于如何培养青年大学生良好的人格具有重要的参考意义。要提高德育实效性，须通过巩固文化认同基础，守承文化精髓，创新文化发展，增强德育实践的感召力和针对性。阐发优秀传统文化，既可以为德育注入优秀文化内涵，又可以巩固和扩大师生价值共识基础；借力德育，既可以弘扬传承优秀传统文化，又可以推动优秀传统文化创新发展。

## 三、发扬优秀传统文化助力德育实践创新

"对历史文化特别是先人传承下来的价值理念和道德规范，要坚持古为今用、推陈出新，有鉴别地加以对待，有扬弃地予以继承，努力用中华民族创造的一切精神财富来以文化人、以文育人。"面对德育实践中的诸多问题，高校要抓住一根主线，即汲取传统文化中的优秀内容，充分发挥新媒体平台的介质作用，丰富文化育人形式，以实践创新增强德育的针对性和实效性。

### （一）坚持文化传承，增强德育实践的感召力

当前，国内国际形势日新月异，高校德育面临着政治经济全球化、传统文化发展式微，以及思想文化多元化、人际沟通信息化、社会形态多样化、个性特征差异化等一系列变化，在这样的背景之下，"坚持高校德育一元主导与多元发展的辩证统一"被提了出来。高校德育既需要在目标、内容、载体、方式等方面坚持一元主导，又要保持多元化发展，这一问题目前在各高校中没有什么异议，但是如何处理好这"既与又"的关系却是一个需要深

人思考的问题，特别是在"一元主导"这一问题上。作为一个前提，如果把握不好，或者离开一元主导单纯地谈多样化，就容易出现问题。所以在高校德育实践中，特别要把握好德育内容中的核心部分，不能散，也不能多中心，而优秀传统文化的传承，便是优秀核心内容的不断提炼，在当前的社会背景下，一定要坚持传统文化的守正与创新并举。通过优秀传统文化内容的传承，贯穿于青年大学生的感性认知、情感凝练、意志升华、行为践行，从而增强德育实践的感召力。

### （二）阐发文化内涵，发展德育实践的新媒体平台

"思想政治理论课是高校思想政治教育工作者对大学生进行集中思想政治教育的主渠道与主阵地。但现实情况是，该课程在学生中还没有成为最受欢迎、最受启发、最离不开的课程，课程教学效果有待提高。"新媒体的不断涌现进一步弱化了传统德育形式和平台的教育效果，利用新媒体进行高校德育实践是必要路径。面对新媒体所呈现出的碎片化、即时化、去中心化的特点，高校德育需要凝聚内涵，在多样的内容中有核心，多样的形式中有主线，多元的碰撞中有主导。在这一过程中要发挥传统文化的凝聚功能，通过在新媒体平台中优秀传统文化的内涵凝聚、挖掘与阐发，突出新媒体平台在立德树人方面的功能。中华优秀传统文化博大精深，文化的发展需要在这样的基础上传承、守正和创新，让优秀传统文化成为德育内涵之根。新媒体平台的虚拟隐蔽、传播迅速、信息海量等特点，需要传统文化的凝聚，通过新媒体平台建设，传承、传播传统文化，进而影响青年大学生的行为实践，从而使高校德育工作活起来。

### （三）创新文化形式，增强学生实践的针对性

高校德育立足校园，校园文化的育人功能不可忽视。校园文化主要包括有形的物质文化和无形的精神文化，传统文化能够提升校园精神文化的价值底蕴，也能丰富物质文化的内容形式，具有重要的育人价值。高校应该立足校本特色，突出传统文化的融入，体现高校的历史底蕴、文化情怀，以及学校办学特色，精神追求。国内众多高校运用优秀传统文化中的经典内容作为校训便是传统文化融入校园文化，再以创新课堂教学、加强校园文化建设、推动融媒体发展提高大学生的政治认同，就是比较好的文化融合教育的体现。高校的物质文化载体，包括校园景观、建筑物、道路标牌、校史馆、宣传栏、楼宇空间等等，都可以将传统文化的内容、代表人物、价值追求融入其中，使冷冰冰的物质变成有内涵、有温度的实体，身临其中就是一种熏陶和学习，就是一种德育。高校的精神文化载体，如学校的校史校训、精神追求、办学理念、校徽校歌、著名校友，甚至是教职员工的精神面貌、言谈举止，都可以通过传统文化的传承以及时代特质的展现，变成一种文化的标志，体现出一种人文情怀。针对高校青年大学生的特点，在利用传统文化创新校园文化形式的同时一定要符合青年的群体特征，使得校园文化于青年大学生来说易接受、易学习、易传播，提升德育实践的针对性。

### （四）创设文化情境，提升德育实践的实效性

结合当前高校德育的主要形式和载体，要想在文化氛围创设方面有所突破，需要在三个方面加强传统文化的融入，包括传统文化融入教学内容体系、提升高校教师的传统文化素养、丰富学生活动的传统文化内涵，从而全方位地将传统文化融入德育实践中去。首先，教学工作是高校的中心工作，而课程又是高校教育教学的"求知阶梯"，直接影响着高校德育的目标和进程。传统文化应该融入思想政治课当中，列入课程的教学计划，丰富大学生思想政治教育的内容。在其他专业课的教学当中，立足学校特色，将传统文化课程纳入其中，贴近学校办学实际，通过课堂传授，创设文化氛围。其次，高校教师要懂传统文化，要用传统文化，并牢固树立"立德树人"的意识，明白教育并不仅仅是传授技能，更包括思想的教育和价值观的养成。最后，优秀传统文化教育是一个开放的体系，除了课堂、课程、教师之外，一定要注重在学生喜闻乐见的校内外活动中开展教育，并结合时代文化、流行文化，制作符合网络传播、新媒体平台、手机载体的文化内容，打造文化品牌，构建课堂内外、校园内外、线上线下相互结合、互相补充的传统文化教育格局，通过传统文化教—学氛围的创设，形成全员育人、全过程育人、全方位育人的育人合力，提升德育实践的实效性。

## 第四节　中国传统文化的家庭德育思想探析

文化是道德的外延，中国传统文化历史悠久、博大精深，是中华民族文明结出的硕果。中国传统文化是多元文化的集合体，儒家、道家、法家等学派互相融合，互相吸纳与包容，形成了人文文化史上独有的磅礴景观。中国的传统文化影响着家庭文化，进一步影响着家庭教育理论。儒家、道家及传统家训文化都高度重视"德"，认为"德"是本体的存在，虽然对"德"的具体阐述略有差异，但内核思想不变，"德"也深刻影响着中国传统家庭教育理论。

### 一、儒家伦理思想

儒家思想对中国的文化发展产生了深远的影响。儒家思想的创始人是孔子，集大成者是孟子。孔孟二人为儒家思想的形成做出了杰出贡献。随着时代的变迁和发展，儒家伦理思想进一步发展，逐渐形成以孟子和荀子为代表的两大流派。儒家伦理思想虽然有了分支和流派，但其核心价值观没有发生变化，可以用五个字来概括——"仁、义、礼、智、信"。

### （一）重义轻利

利，儒家的理解是指私人利益，简称为私利。与利相对应的是义，两者是对立的关系。这一思想认为人的行为需要思想的指导，最基本的思想是道德原则的规范，人的行为要沿

着以仁为核心的道德规范体系进行，不能逾越。孔子认为，面对利和义，要"见利思义"，孟子的看法更为极端，他认为人应当"见义忘利"，即重谈义，少谈或者不谈利。荀子调和了孟子的观点，认为义和利均是人之所需，但他还是更加侧重义。"杀身成仁""舍生取义"是儒家思想重义轻利最为典型的体现。在重义轻利观念的影响下，中国人在家庭生活中常教育子女要为道义而奋斗，为了道义要有献身精神。"克己复礼为仁"，孔子认为仁是核心的道德规范，这一规范包含有"孝悌、忠恕、信义"之意，这些观念深刻影响了家长对子女的教育，其中绝大部分思想起着正面的积极作用。

### （二）注重道德教育和道德修养

儒家学派认为，道德的作用不仅是社会层面的，也是家庭和个人层面的。孔子认为教育学生无非是四个方面"文、行、忠、信"，而这个四个方面的核心是对学生进行道德教育。孔子、孟子等儒家代表人物，不仅是思想家，也是教育家。结合其儒学思想和生活实践，积累了大量的教育经验，生成了体系化、系统化较为完整的道德教育论。他们注重个人层面的道德修养，认为个人的道德修养甚至决定着国家的命运和兴衰，"修身齐家治国平天下"。如何进行道德修养，儒家各流派在这个问题上有一定分歧，孟子认为要重视人的自身因素，用内省的方式来提高自己的道德修养，而荀子则不同，他提出先天因素不是先决条件，后天的努力和环境才是决定人的道德修养的根本因素。虽然方法不同，但二人都认为道德修养是可以提高的。注重道德教育和个人的道德修养，潜移默化地影响中国人的家庭教育，在家庭中家长注重培养子女的道德和品行修养，这一点是毋庸置疑的。

### （三）注重格物致知

所谓格物致知，即推究事物的原理，从而获得知识与智慧，格物致知也是儒家思想的重要内容。格物致知最早出现于《礼记·大学》，后郑玄、宋儒对此思想进行了深入研究，后人根据南宋朱熹的诠释对格物致知有了更深刻的理解。格物致知涉及儒家学派的认识论，孔子说"君子不器"说的就是这个问题，人要运用各种手段，探究事物的本源，并为此不懈努力。这一认识论对后世影响较大。但对这个问题的解读，目前仍存有较大争议，孔颖达、司马光、程颐、陆九渊、王明阳等，各有各的解读，甚至有些解读把它引向了唯心主义，其真正含义仍待研究。但不论如何，我们认为格物致知对家庭教育有着深远影响，努力探究事物的本质是实事求是的科学态度。

## 二、道家哲学思想

道家哲学思想是与儒家伦理思想交相辉映的中国古代思想文化史上的又一瑰宝。道家思想起源较早，至春秋时期，老子做了精心梳理和总结，使道家思想系统化、体系化，老子也成为道家思想的集大成者。英国著名科技史专家李约瑟先生指出，道家思想是全部中国科学技术的根本性基础。道家哲学的核心思想在于对"道"的阐释和对"道"的运用。何为"道"，"道法自然"即为"道"。

## （一）道法自然

何为"道"，道家代表人物认为"道"是一切事物的根本性存在，是天地万物之本源，是万事万物总的法则或者律令。道家认为"道"即是"一"（本源性存在），或者"恒"（永久性存在）。"道"是时时处处存在的，但"道"隐藏于事物本质中，不轻易被人认识。人类对待"自然"要顺从，要服从规律的发展，依"自然"而行，如果人为地逆向破坏自然，会造成不堪设想的后果。综上所述，道法自然的观点，是道家哲学的基本观点。道家认为，万物都有本，而道是万物的根本，道是自然而然的规律，万物依照道的活动轨迹（规律）而变化。道法自然反映了道家学派对"规律"的朴素认知，从某种意义上说，道法自然是朴素的辩证法思想的萌芽。道法自然的思想有积极的一面，中国的家庭教育观深受道法自然的启示。中国的家长对待子女时，理当遵循"道法自然"的法则，对待子女的情感需求，要以自然的方式来满足和表达。

## （二）无为而治

"无为"也是道家的标志性特征。无为而治源自《道德经》。后人对"无为"的解读有以下几种：一是消极性的不要作为；二是袖手旁观，冷眼以对；三是顺其自然，得之坦然，失之淡然；四是休养生息。总体来看，无为作为一种处理人与人、人与自身、人与社会、人与自然的态度和方式，道家哲学亮明了自己的态度，那就是所谓的无为只是表象上的无为，本质上是大有作为，只不过这个大有作为蕴藏于表象的无为之中。在家庭教育中，无为而治，并不是真正要求家长无所作为，对子女听之任之，不管不问，而是要用隐形的"引导"实现有所作为，对子女的兴趣爱好要引导好，对子女因性格脾气而产生的问题要"顺引"，而不能"逆堵"。无为强调的是预设，家长教育子女要有个统筹设计，引导子女沿着设计之路自发前进。在家庭教育中，要想实现无为而治，最为根本的是家长要言传身教，家长是如何不为、如何有为的，直接影响着子女，这种影响是潜移默化的，在具体的行动中发生的。

## （三）不言之教

"不言之教"既是道家的经典哲学思想，也是经典教育思想。《道德经》第四十三章提出"不言之教，无为之益，天下希及之"。我们要做或者要行不言之教，如果真正做了或者行了，我们会获益很多，所获取的利益（收益）是普天之下万事万物不能比得上的，也是无法比的。不言之教是道家典型的家庭教育观，"教"是上施下效，不言之教，即是潜移默化中以身作则率先垂范的一种渗透性的教育方式，这种教育方式隐去了显性的较为激烈的言辞，用身教取代了说教。在家庭教育中，不言之教有着极为重要的意义，从不言之教我们可以得出一定的启示：家庭教育应当是言传身教的教育，而不是刻意的痕迹明显的说教式的教育。当前我国的家庭教育存在着注重刻意说教，忽略身教的问题。这样的家庭教育方式效果并不明显，家长的说教一开始是有作用的，但越往后，作用越小，当子女对说教有了"免疫力"之后，说教的作用很大程度上是一种"副作用"或者"负作用"了。

我们知道榜样的力量无穷大，当父母不能成为子女的榜样后，家庭教育靠说教便走偏了方向。道家哲学中的不言之教，是我们在家庭教育中需要倡导的，不言之道也是建立平等、和谐、民主、开放的家庭关系之道。从这一点上看，这一道家哲学思想（教育思想）对我们教育子女是有借鉴意义的。

# 第五节　正确运用传统文化中的德育素材

中国传统文化是中华民族几千年文明的结晶，对于我们整个民族的心理和行为都产生了极其深远的影响。在中小学德育教育中，运用传统文化来丰富德育手段、完善德育体系的做法也非常多。而在实际的教育过程中，一些问题仍需引起我们的注意。

## 一、去粗存精，树立积极的人生观

中国传统文化源远流长，内容丰富，义理宏深。特别是其中的优秀精华，更是发人深省，引人入胜，有助于青少年树立积极的人生观。但是，中国传统文化中有些内容本身具有特定的理解语境，如果不对学生加以引导，有可能误解乃至歪曲文化内涵。比如，对中国传统文化中"义"的理解。《管子·卷一·牧民第一》中记载，孔子最早提出了"义"。"四维不张，国乃灭亡""何谓四维？一曰礼，二曰义，三曰廉，四曰耻"。"义"在中国古代是一种含义极广的道德范畴，本指公正、合理而应当做的。可是，现在有些学生却只把它理解为简单的兄弟义气，认为如梁山好汉般为朋友两肋插刀才叫"义"。因而，为了这个"义"，考试时互相作弊是应该的，犯错时互相包庇是应该的。更有甚者，有些学生为了朋友"路见不平，拔刀相助"，最终走上了违法犯罪的道路。

对于传统文化中的精华，我们应该积极消化吸收。传统文化中有许多关于修身、人伦、品德方面的优秀内容可以为现代的青少年提供参考和借鉴。作为国家的未来，青少年该如何让自己成为一个能担负起历史使命的人？《大学》中有言："古之欲明明德于天下者，先治其国；欲治其国者，先齐其家；欲齐其家者，先修其身；欲修其身者，先正其心；欲正其心者，先诚其意；欲诚其意者，先致其知，致知在格物。格物而后知至，知至而后意诚，意诚而后心正，心正而后身修，身修而后家齐，家齐而后国治，国治而后天下平。自天子以至于庶人，壹是皆以修身为本。"只有青少年提高了自身的修养，树立了积极向上的人生观，家庭才会和睦，社会才能和谐，国家才会富强。

## 二、以义统利，形成正确的价值观

当今的青少年接受信息的途径非常多，思想也相对早熟，又处于人格开始独立的转型期，大多处于价值观摇摆不定的状态。在我们的学生中，只知报酬和索取，而不顾回报与奉献的不良倾向时有发生。传统的道德教育过多地强调奉献、淡化个人利益，并不能有效地纠正学生思想的偏差，说教也显得日益苍白。在这样的时代背景下，我们更需要寻求一种能够为学生所接受的、有效的方法来帮助学生树立正确的价值观。中国传统文化中的儒家义利观对于批判个人主义、拜金主义，从而引导青少年树立正确的价值观就有很强的现实意义。

对于学生的教育，我们可以采取和风细雨般的寓情于理、以情动人的教育方式和态度，用儒家"仓廪实然后知荣辱，衣食足然后礼义兴"的义利观去教育学生。教育中不能完全忽略"利"，高谈奉献。而应该让学生明白在当今市场经济下，在追求利益的过程中，要将追求利益与服务社会结合起来，以达到"以义统利""义利统一"。同时，我们可以根据儒家的"义"，要求学生在日常待人处事中，尤其是遇到和个人的功名利益有关的事情时，严格遵循道德原则，认真考虑哪些事应该做，哪些事不应该做，不断教育学生不做见利忘义的事情，并鄙视见利忘义的行为。

## 三、礼法结合，营造和谐的德育环境

中国自古就是礼仪之邦，"礼"为治国安邦的根本。这种以"礼"为本的思想，对中国历史的发展和稳定，对维护历代封建统治者都产生了积极的作用。但如果只重教化、重人治，就会轻制度和法制建设，必将阻碍社会经济、文明的发展。而在青少年的教育方面，如果只重"礼"，就有可能束缚孩子的创造性思维，不利于培养知识创新型人才。相反，在教育过程中如果过分强调管理思想中的"法"，只强调规则，而不从人的思想上进行教育，则会忽视学生敏感而复杂的内心感受，容易造成"守规则无道德"的现象，使人缺乏人文精神，缺失人间温情。

作为一名班主任，每天都会有许多烦琐事情需要处理。小到同桌拌嘴、欠交作业，大到打架斗殴，随时都有可能发生让人头疼的事情。而对于学生犯的这些"错误"，该如何处理呢？很多班级都有自己订立的各种形式的班规，以此让班级的违纪行为"有法可依"。这样做，当然简单易行，既约束了学生的行为，又提高了效率。但学生毕竟是有感情有个性的复杂个体，任何事情都需要具体问题具体分析。所以，如果只按规则办事情必然会导致许多矛盾和问题。曾经有位班主任，他很有自己的一套工作思路和作风，行事雷厉风行。班上学生无论犯了任何形式的错误，他都一视同仁，全部进行严厉批评。在班主任看来，自己尽职尽责，在他的带领下，学生无论成绩还是表现都应该蒸蒸日上。可是，在学生看来，班主任老师吹毛求疵、不近人情。一段时间后，师生间的矛盾就爆发了。而且一发不可收拾，双方完全处于对立状态。在这样的情绪下，无论对学生，还是对老师，双方都觉得很受伤害。试想，如果这位老师在工作中，能够结合每个学生的不同个性来做工作，或者在批判之后及时给学生一些温情的安抚，最后的结局是否就会不一样了呢？因此，德育教育必须将传统的"礼"和现代的"法"结合起来。对学生既要讲究规则，也要融入感情，双管齐下才能更好地达到教育的目的，也会让我们的德育环境更加和谐。

## 四、新旧相承，丰富传统文化的载体

在以教师和书籍为文化教育核心的时代，人们常把学校教育称为青少年道德教育的主渠道。而今，青少年已越来越多地从家庭、社区、同辈伙伴和种类繁多的现代传媒等渠道获得自己的道德观念和行为模式。因此，我们在使用传统文化开展德育工作时，既要保持传统文化的本真意义，又要不断地与现代社会和学生的具体情况相结合。如何占领和充分利用现代传媒这一当代道德教育的主渠道，成为决定中小学道德教育目标能否实现的重要因素。

一方面，我们可以利用开设班群、博客、微信公众号等方式建立自己的德育阵地。在笔者开设的"小强大生物"系列电子传媒中，学生是完全自由的管理者，他们定期在博客或公众号上展示有关传统文化的相关文字、图片资料、参加传承经典活动的图文资料，以及学生撰写的关于传统文化的文章和评论。这样既调动了学生的积极性，让发扬传统变得生动而有趣，又让学生更加深刻理解了传统文化。另一方面，教师应及时关注社会的最新动态，不能与时代脱节。利用这些真实而新鲜的信息来及时引导学生的思想，用最新的资料来阐释传统精神。

总之，要用传统文化对现代青少年进行德育，必须要将发扬传统与融合现代结合起来，才能达到最佳效果。

# 参考文献

[1] 理查德·桑内特. 匠人 [M]. 李继宏译. 上海：上海译文出版社，2015. 序章 12，4，序章 13.

[2] 毛泽东文集：第 7 卷 [C]. 北京：人民出版社，1999：162.

[3] 奥辛廷斯基. 未来启示录：苏美思想家谈未来 [M]. 徐元译. 上海：上海译文出版社，1988：193.

[4] 马克斯·韦伯. 学术与政治 [M]. 冯克利译. 北京：外文出版社，1997：38.

[5] 柏拉图. 理想国 [M]. 郭斌和，张竹明译，北京：商务印书馆，1986：172.

[6] 魏源集：上册 [C]. 北京：中华书局，1976：5.

[7] 稻盛和夫. 干法 [M]. 曹岫云译. 北京：机械工业出版社，2015：9-10.

[8] 麦金太尔. 追寻美德：伦理理论研究 [M]. 南京：译林出版社，2003：242.

[9] 蔡元培教育文选 [C]. 北京：人民教育出版社，1980：15.

[10] 秋山利辉. 匠人精神：一流人才育成的 30 条法则 [M]. 北京：中信出版社，2015：3-18.

[11] 卡尔·雅斯贝尔斯. 什么是教育 [M]. 邹进译. 北京：生活·读书·新知三联书店，1991.33.

[12] 塞缪尔·斯迈尔. 品格的力量 [M]. 北京：北京图书馆出版社，2001：86.

[13] 陶行知. 中国教育改造 [M]. 北京：商务印书馆，2014：104-105.

[14] 康德. 论教育学 [M]. 赵鹏，等译. 上海：上海人民出版社，2005：28.

[15] 习近平. 决胜全面建成小康社会夺取新时代中国特色社会主义伟大胜利：在中国共产党第十九次全国代表大会上的报告 [N]. 人民日报，2017-10-28(1-5).

[16] 习近平. 习近平主持召开学校思想政治理论课教师座谈会 [N]. 人民日报，2019-03-19(1).

[17] 李航. 新时代高校道德教育的路径探析 [J]. 滇西科技师范学院学报，2019，28(2)：82-86.

[18] 许莹. 新媒体环境下高校德育工作探析 [J]. 中国多媒体与网络教学学报 (上旬刊)，2019(7)：187-188.

[19] 魏欣羽. 当代马克思主义德育思想新发展：习近平"立德树人"德育思想三维探析 [J]. 中共济南市委党校学报，2019(3)：97-100.